나의 오래된 순례,
마돈나하우스

나의 오래된 순례,
마돈나하우스

2025년 9월 5일　1판 1쇄 인쇄
2025년 9월 15일　1판 1쇄 발행

지은이	주은경
펴낸이	한기호
책임편집	정안나
편집	도은숙, 유태선, 김현구, 김혜경
마케팅	윤수연
디자인·그림	블랙페퍼디자인
경영지원	국순근
펴낸곳	플로베르
	출판등록 2017년 5월 18일 제2017-000132호
	주소 04029 서울시 마포구 동교로 12안길 14 삼성빌딩 A동 2층
	전화 02-336-5675 팩스 02-337-5347
	이메일 kpm@kpm21.co.kr

ISBN 979-11-978068-4-1　03810

- 플로베르는 한국출판마케팅연구소의 임프린트입니다.
- 잘못된 책은 구입처에서 교환해드립니다.
- 책값은 뒤표지에 있습니다.

나의 오래된 순례,

마돈나하우스

주은경 지음

플로베르

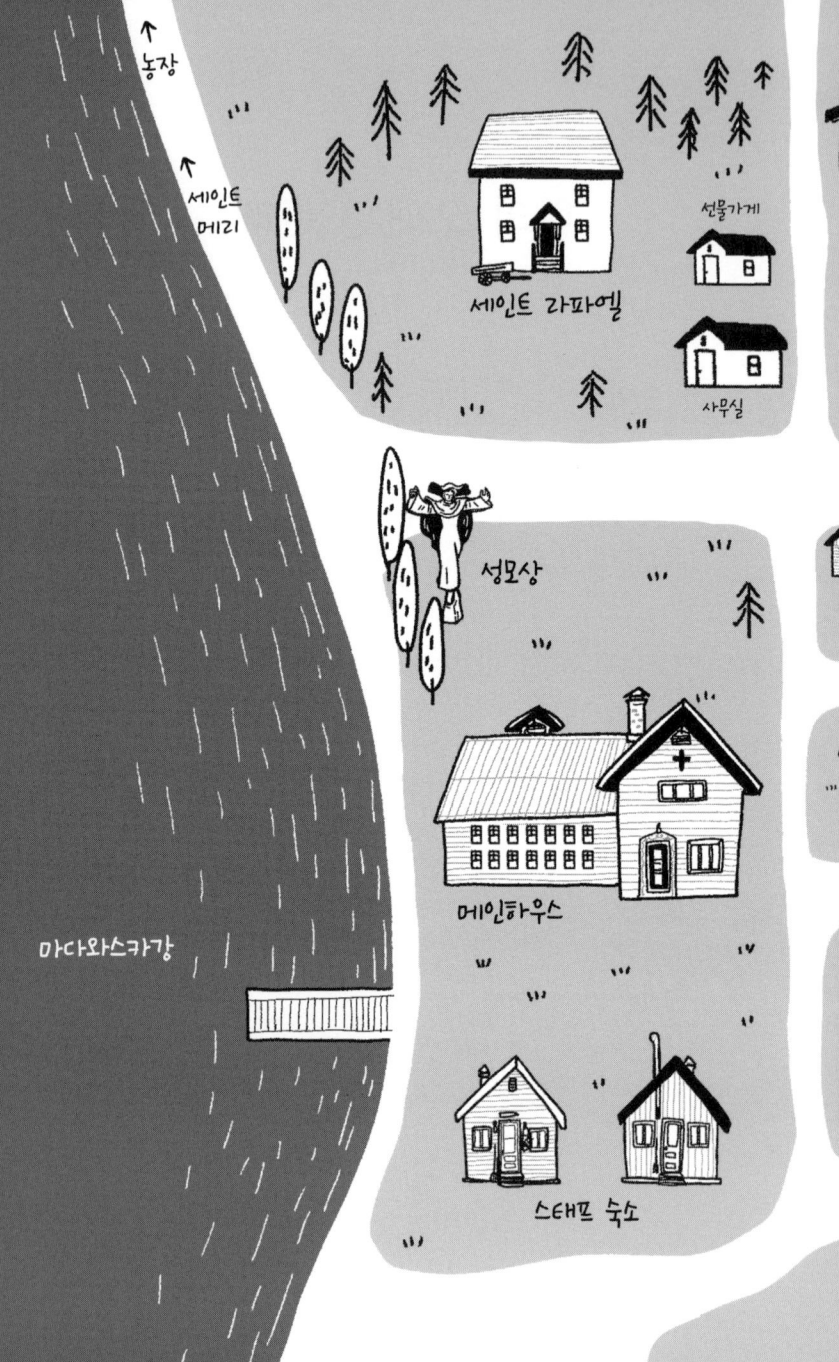

마돈나하우스
약도
여자
게스트
숙소
뿌스띠니아
책방
사무실
세인트 조지프 →
세인트 마틴
주차장
화단
화장실(남)
기부 물품 분류 창고
화장실(여)
사무실 · 세탁실
스태프 숙소
채플
캐서린 도허티의 오두막

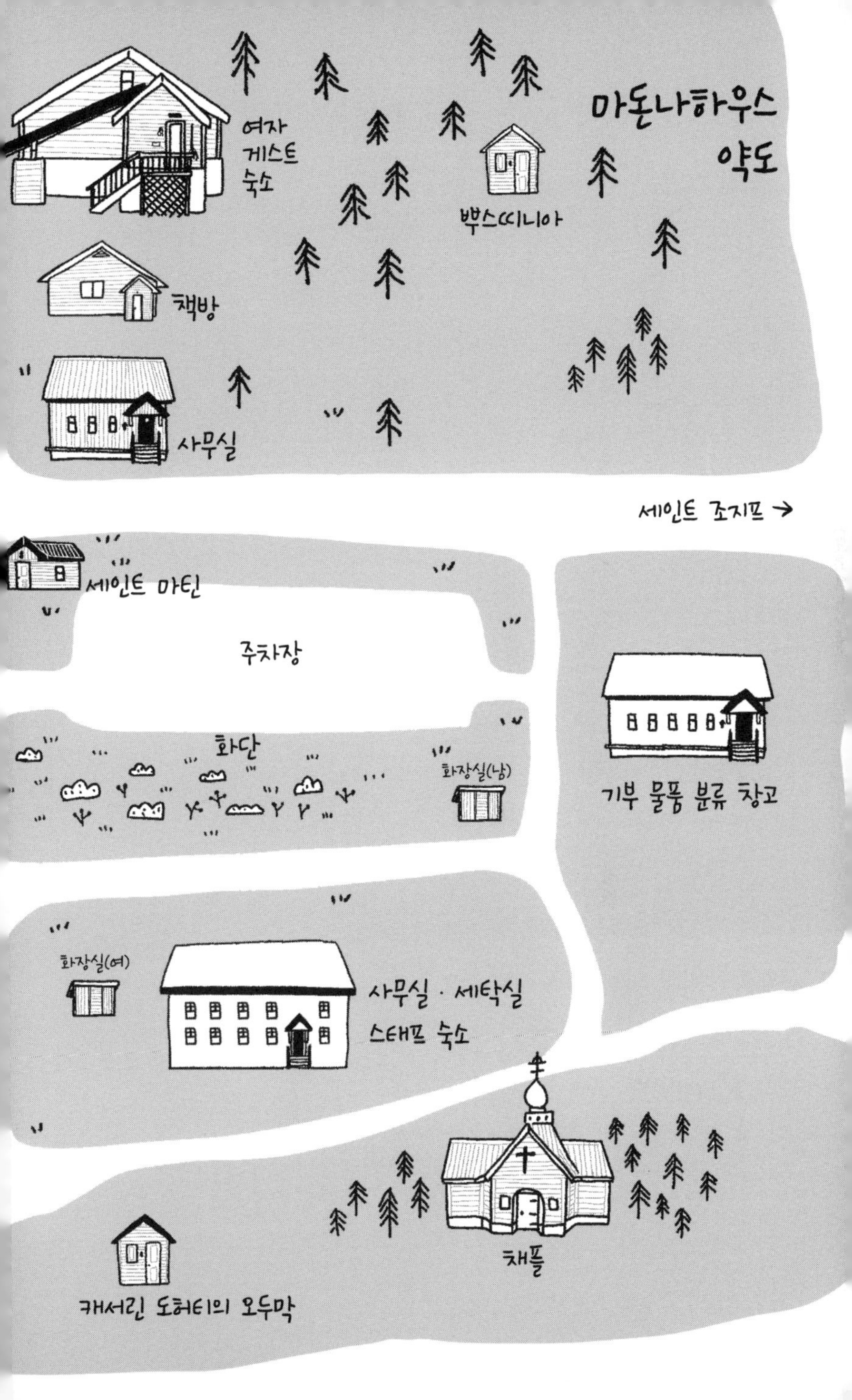

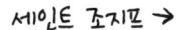

> **일러두기**
>
> 본문에서 인용한 책과 마돈나하우스의 자료는 김민경이,
> 인터뷰 글은 김민경과 주원이 번역하고, 저자가 정리하였습니다.

프롤로그

마돈나하우스 이야기를 시작하며

2007년 12월 28일 금요일, 캐나다 온타리오주 작은 시골 마을 컴버미어에서 토론토로 가는 버스 안. 두 달 동안 머물렀던 마돈나하우스를 떠나며 앙상한 가로수가 이어지는 눈 덮인 평원을 바라보다 소리 없는 눈물을 펑펑 흘렸다. 무엇이 그토록 눈물을 쏟게 했을까? 눈물의 정체는 무엇이었을까?

마돈나하우스 이야기를 왜 쓰는가

그날 이후 열일곱 번의 겨울이 오고 갔다. 가톨릭 영성 공동체 마돈나하우스에서 지낸 시간은 나에게 어떤 의미였을까? 15년도 더 지난 이야기를 왜 지금 쓰려고 하는 걸까? 체력과 집중력이 떨어지고 글쓰기는 점점 힘이 드는데. 스스로 묻고 또 묻는다. 점점 이유가 분명해진다. 포기하지 말자. 끝까지 가보자.

특정 종교를 가져본 적 없는 나에게 언젠가 '영성'이라는 단어가 훅 들어왔다. 첫 번째 계기는 2000년 다큐멘터리 기획 때문에 참가했던 불교 영성 프로그램 '동사섭同事攝'이다. 동사섭은 고통받는 중생을 제도하고 불도로 이끌기 위해 함께 느끼고 배우는 불교의 실천적 행위를 말한다. 동사섭 프로그램에 참여한 5박 6일 동안 자비와 대원大願 명상의 힘이 가장 와닿았다. 이미 이룬 것에 대해 충분히 감사하는 마음. 내가 이룬 것이 내가 아니며, 내 기쁨도 내가 아니며, 내 슬픔도 내가 아니다. 나는 공空이다. 내가 공의 존재일 때 더 큰 '나'가 있다. 그러나 이 생각은 더 이상 이어지지 못했다.

몇 년이 흐르고 2007년 11월 캐나다의 가톨릭 영성 공동체 마돈나하우스. 이곳에서 일하고, 기도하고, 먹고, 성가를 부르며 사람들을 만났다. 무종교인으로서 가톨릭 영성을 몸으로 경험하는 나에게 그들은 자신의 종교를 주장하지 않았다. 문을 열어 환대했다. "당신이 원하는 만큼 마음껏 이곳을 누려라." 덕분에 깊은 순례의 시간을 경험했다.

순례자란 종교적인 목적으로 성지를 순례하거나, 하늘나라에 소망을 두고 이 땅에서 나그네 같은 자세로 살아가는 사람. 하지만 내가 원한 것은 특정 종교의 순례가 아니었다. 종교를 초월해 영성이 무엇인지 찾아가는 것, 그것이 내가 추구한 순례였다.

종교는 없지만 종교의 역사와 문화에 대해 공부하기를 좋아한다. 국내든 해외든 여행할 때면 절, 성당, 교회, 이슬람 사원, 묘지 등을 찾는다. 멍하니 앉아 있는 게 그렇게 좋을 수가 없다. 홀로 있음의 고요함과 평화로움에서 깊은 고독과 자유를 느낀다. 나에게는 이것이 기도의 시간이며 일상에서도 이어지기를 바란다. 이러한 고요함과 평화는 타인에게도 존재한다. 그 감각을 서로 존중해야 세상이 아름다울 수 있다.

종교학자 길희성에 따르면 "영성은 인간에 내재하는 신의 본성이자, 인간의 본성"❖이다. 그러나 영성을 명확히 정의하기는 쉽지 않다. 사랑이 무엇인가, 건강이 무엇인

❖ 『영적 휴머니즘』, 아카넷, 2021.

가를 정의하기 어렵듯 영성에 대해서도 모두 다를 수 있다. 그러나 사랑과 건강을 정의하기 어렵다 해도 그것이 우리 삶에 중요하듯 영성도 마찬가지 아닐까.

마돈나하우스에서의 경험을 쓰는 것은 내 인생에서 가장 집중했던 영적 순례를 기억하는 행위다. 힘들었지만 매 순간 충만감에 가슴 떨렸던 경험, 영성을 언어가 아닌 몸으로 느꼈던 기억은 나의 삶에 어떤 변화를 가져왔을까? 이 질문을 간직하며 이야기를 시작해보자.

마돈나하우스를 만나기까지

2007년, 방송 다큐멘터리 작가로 일하고 있었다. 취재 구성안, 촬영 구성안은 물론이고 때로는 눈썹을 휘날리며 밤새 원고를 써야 했다. 긴장과 피곤이 겹치면 잠을 잘 수 없었다. 자면서도 머리로 글을 쓰고 수정을 거듭하는 나를 발견하고는 했다.

어느 날 발바닥이 아파 걷기가 어려웠다. 이어서 발목, 허리, 어깨, 목, 머리까지. 통증이 온몸을 돌아다녔다. 평소 다니던 병원의 내과의사는 류머티즘 검사를 권했다. 진단명은 섬유근육통. "특별한 원인 없이 신체 여러 부위의 통증과 피로가 지속되는 질병"이라 했다.

프리랜서 방송작가는 집중력과 체력이 필수. 그런데 피디가 일하자고 연락해 오면 이 몸으로 할 수 있을까, 해야 하나 말아야 하나, 갈팡질팡 진이 빠졌다. 일을 하지 않으면 잊히는 게 방송계의 생리였다. 두려웠다. 이때 대전까지 달려가 만났던 한의사의 말이 큰 위로가 되었다.

"완전히 탈진한 상태예요. 이 몸으로는 일 못 하세요. 무조건 쉬어야 합니다." 왈칵 눈물이 쏟아졌다. 쉬어도 되는구나, 아프잖아. 돌아보니 40대 중반. 그때까지 일하거나 아프거나 둘 중 하나였던 삶. 단호하게 안식년을 선언했다. 그러나 휴식도 만만치 않았다. 좋아하는 일을 못 한다는 것, 노동력을 상실했다는 게 서글펐다. 이 시간 방송국은 정신없이 돌아갈 텐데, 나는 집에서 무력하게 해 지는 걸 보고 있구나.

서른셋에 노동자 교육단체에서 일하다 폐결핵 초기 진단을 받았던 기억이 났다. 그때는 젊었고 다행히 위기를 잘 넘겼다. 그 후 서른다섯에 다큐멘터리 작가에 도전해 일해왔다. 성공회대학교 사회교육원 기획실장으로 노동대학과 교사아카데미도 운영했다. 그런데 이 나이에 건강을 잃고 다시 일할 수 있을까?

2007년 4월이 되고 6월이 돼도 내 마음은 늦가을의

낙엽 같았다. 그러다 반전의 시간이 왔다. 캐나다 여행을 할 기회가 생겼다. 처음에는 길어야 보름 정도로 생각하다 마음을 바꿨다. 어차피 일도 못 하고 쉬어야 하는데, 이참에 오랜 로망을 실현해보자. 해외에서 몇 달 동안 살아보자. 1주일 만에 우당탕 짐을 쌌다. 동시에 걱정도 컸다. 혼자 뭐 하고 지내지? 문득 '여성과 영성'에 대해 함께 독서모임을 했던 이정희 씨가 생각났다. 그가 작년 말 어느 가톨릭 공동체에 2주일 동안 있었는데 엄청 좋았다고 했잖아. 그곳이 어떤 곳인지, 나도 갈 수 있는지 물었다.

"마돈나하우스. 남녀 평신도와 사제로 구성된 가톨릭 공동체야. 일단 사무실에 이메일을 보내 봐. 게스트로 가고 싶다고." 마돈나하우스? 인터넷에 검색해봤다. 청빈, 순결, 순명을 원칙으로 한 가톨릭 공동체. 1947년 러시아 출신의 캐서린 도허티Catherine de Hueck Doherty(1896~1985)가 설립했다. 그는 1917년 혁명이 일어난 후 러시아를 떠나 영국을 거쳐 1921년 캐나다로 왔다. 북미 평신도 사도직 운동과 미국 시민권 운동의 선구자로 1930~1940년대 사회정의 운동과 '우정의 집Friendship House' 설립에 참여했다. 이때 가톨릭 평화주의 노동운동가로서 '환대의 집'을 만들었던 도로시 데이Dorothy Day(1897~1980)와 뜻을 함께했다는 것, 특히 사회운동과 영성의 통합을 위해 실천했다는 점이 나를 끌어당겼다.

당시 캐나다행은 뚜렷한 목적이 없었다. 아파서 일을 못 하는 시기에 몸과 마음이 쉴 공간이 필요했다. 집과 일터에서 멀수록 좋았다. 일단 석 달은 몬트리올에서 영어 공부도 하고 자유롭게 놀자. 그런 다음 11월에 마돈나하우스로 가서 두 달 동안 지내보자. 마돈나하우스에 이메일을 보냈고 방문을 환영한다는 답신을 받았다.

이렇게 해서 나는 한국을 떠났다. 계획대로 마돈나하우스에 가기 전 7월 말부터 석 달 동안 몬트리올에서 살았다. 못 알아듣는 영어로 대학에서 '현대 이슬람 정치사'를 청강하고, 이민자들을 위한 언어교육 커뮤니티센터, 동네 도서관, 시립도서관, 대학도서관을 다녔다. 크고 작은 교회를 찾아다니며 친구들을 사귀었다. 몬트리올 구석구석을 탐험하고 근교 여행을 했다. 없는 돈에 외국 생활을 하니 한 시간이 아까웠다. 또다시 바빠지고 있었다.

하루, 이틀. 마돈나하우스로 떠날 시간이 다가왔다. 잠이 오지 않았다. 그곳에서는 10여 명의 게스트가 한 공간에서 잠을 잔다는데 잠자리에 유난히 예민한 내가 잘 견딜 수 있을까? 캐나다 북부라 겨울에 춥고 숙소는 오래된 목조건물이라는데 난 추위에도 약하잖아. 몬트리올에서는 늘 한국 음식을 해 먹었는데, 거기 음식이 잘 맞을까? 반드시 가야 하는 것도 아니고, 누가 오라는 것도 아니잖아. 가톨릭 신자도 아니고. 날씨 좋고 아름답다는 밴쿠버로 떠날까? 거기서 마음 편히 자유롭게 지낼 수도 있잖아.

"나는 왜 마돈나하우스에 가는가?" 사실 이것은 가기 전부터 그곳 생활을 마치고 돌아오는 내내 스스로에게 던졌던 물음이었다. 답은? "잘 모르겠다. 하지만 일단 가보자." 이게 전부였다. 아니 솔직하게 말하자. 무엇보다 돈 걱정 없이 지낼 수 있다는 게 가장 큰 매력이었다. 영성 공동체를 깊이 경험하거나 영혼의 순례자가 되어보자는 건 후순위였다, 부끄럽지만.

2007년 11월 7일, 토론토에서 고속버스를 타던 날. 눈이 온다는 예보가 있었다. 가을에 노랗던 단풍나무 가로수 이파리도 다 떨어진 잿빛 고속도로. 다섯 시간을 달려 마돈나하우스 본부가 있는 작은 마을 컴버미어에 도착했을 때는 오후 3시 무렵. 해가 떨어지고 있었다. 토끼털 코트에 목도리, 장갑으로 무장한 채 버스에서 내렸다.

코끝이 싸했다.

 작업장에서 일하다 온 듯 헐렁한 바지와 파카 차림의 체격 좋고 무뚝뚝해 보이는 50대 여성이 나를 맞았다. 그는 1980년대 영화에서나 볼 법한 하늘색 낡은 자동차에 나를 태우고 오솔길에 접어들었다. 5분 후 하얀 목조건물이 보였다. 마돈나하우스와의 만남이 시작됐다.

차례

7 프롤로그
    마돈나하우스 이야기를 시작하며

19 단순하게 흐르는 시간

28 첫 번째 일요일의 마돈나하우스 투어

35 모든 일상에 기도가 있다

43 노동하는 신부님

53 몸은 지치고 영어는 안 되고

64 뿌스띠니아에서 완벽한 고요를 만나다

73 송곳은 어디에나 있다

80 단조로운 일상, 때로는 외롭지만

91 "은경, 나가는 게 좋겠어요"

101 이것은 노동인가, 명상인가, 기도인가

112 기도 선물로 만난 미리암

123 아이처럼 즐겁게, 과들루프 축일

134 생태 화장실을 청소하는 수련생

146　간절한 기도와 따뜻한 유머가 담긴 추도식

157　수녀원 학교장이었던 카렌은 왜

169　크리스마스가 다가온다

179　기도하고 일하고 사랑을 하고

191　작은 자들을 위한 크리스마스

202　성소를 찾아서

214　공동체에 대한 질문

226　마돈나하우스의 코리안 댄서

234　안녕! 마돈나하우스

242　돌아와 한국에서

254　지리산과 실상사에서 만난 고요

263　도시의 안식일과 순례 여행

272　에필로그
　　　나의 오래된 기도

280　발문
　　　누구에게나 영성이 필요하다_이문재(시인)

단순하게 흐르는 시간

 마돈나하우스 메인하우스에서 한국인 주은 씨를 만났다. 4년 전 게스트로 와 수련생을 거쳐 몇 달 전 정식 스태프가 된 30대 여성. 잠시 후 오후 5시 15분에 저녁 미사가 시작된다며 약 200미터 떨어진 채플로 안내했다.

 단풍나무 숲 평지에 목조건물 몇 채가 보인다. 함께 걸어가는 수십 명의 사람들. 모두 작업장에서 일하다 오는 듯 편한 차림이다. 40대 후반으로 보이는 남성이 환하게 웃으며 인사한다. 어쩜 목소리가 저토록 맑고 선량하지? 주은 씨는 그가 키에렌 신부님이라고 일러준다. 또 다른 60대 남성도 환영 인사를 하더니 성가대 연습을 해야 한다며 서둘러 간다.

동화 속 오두막 같은 채플에서 70여 명의 사람이 미사를 준비하고 있다. 그들을 따라 무릎을 꿇고 성호를 그으려 하니 주은 씨가 속삭인다. 가톨릭 신자가 아니면 안 해도 된다고. 미사가 시작되니 모두 성가를 부른다. 조금 전에 인사했던 키에렌 신부님이 미사를 집전하면 성가대 10여 명이 합창을 하는데, 버스에서 내리던 나를 마중 나왔던 여성이 지휘자다. 아름다운 화음에 긴장했던 마음이 스르르 녹는다.

미사가 끝나고 메인하우스로 가는 길. 저녁 6시도 안 되었는데 춥고 깜깜하다. 토론토에서 이곳으로 올 때 버스 안이 후끈할까 봐 내복을 입지 않았더니 피부에 닿는 청바지가 얼음 가죽 같다.

메인하우스 현관에서 실내화로 갈아 신고 계단을 올라 2층 다이닝 홀로 들어섰다. 약 50평의 실내. 20여 개의 나무 테이블에 포크, 나이프, 스푼이 놓여 있다. 자세히 보니 테이블마다 통로 쪽에 앉는 사람이 주방에서 음식을 가져온다. 식사하는 사람은 70여 명. 삶은 호박, 감자, 오이와 마늘 피클, 여기에 우리나라 갈비찜에 간장만 넣지 않은 것 같은 고기 스프까지. 맛있게 식사를 했다.

"원한다면 하느님이 도와주실 거예요"

식사와 설거지를 마치고 주은 씨는 걸어서 2분 거리의 게스트 숙소 Saint Germaine's로 나를 안내했다. 잠시 후 짧고 검은 곱슬머리에 아담하고 통통한 40대 여성이 들어온다. 하우스 마더house Mother인 잔. 우리로 치면 사감 같은 역할인데 정감 있고 귀여운 인상이다. 그가 동그란 안경 너머 똘똘한 눈을 반짝이며 주의사항을 일러준다.

대부분 세면, 취침, 화장실 사용 등에 대한 일상적인 규칙이다. 휴대폰과 개인 노트북은 사용할 수 없다. 남성과 여성이 단둘이 있는 것은 금지다. 몸의 곡선이 드러나는 옷은 입을 수 없다. 그중에 영어가 짧은 내게 꽂히는 말이 있다. "은경, 이곳에서 행복하기를 원한다면 하느님이 도와주실 거예요."

여자 게스트 숙소는 2층 목조건물이다. 1층에 5명, 2층에 10여 명이 머문다. 내가 머물게 된 2층에는 침대가 세 줄로 놓여 있다. 밤 10시 30분부터는 '침묵의 시간Quiet Time'이다. 모두 잠자리에 누워 조용히 책을 읽거나 기도하거나 잠을 자야 한다. 소리 내서 말하거나 돌아다니면 안 된다. 밤 11시에 불을 끄기 전, 잔이 한 사람씩 눈을 맞추며 미소로 축복기도를 한다. 성수도 뿌려준다. 처음 경험하는 잠자리의 축복기도. 따뜻하다. 저절로 잠이 올 것 같다.

작업장에서의 영적 독서 시간

밤새 침대 매트리스에서 찬 기운이 올라와 깊은 잠을 잘 수 없었다. 폴라텍 점퍼를 끼어 입고 다시 잠을 재촉했다. 한국에서 친구가 준비해준 전기 이불은 화재 위험 때문에 사용할 수 없다고 했는데, 앞으로 잘 견딜 수 있을까?

새벽 6시 45분 기상 시간. 침대 머리맡의 작은 창으로 내다보니 온통 하얗다. 침대를 정리하고 세수하고 양치질하고, 8시 아침 미사에 늦지 않게 서둘러 밖으로 나간다. 소복하게 눈 덮인 하얀 숲속 오솔길에 뽀드득뽀드득, 저벅저벅. 수십 명의 발소리가 아름다운 혼성합창이다. 게스트 숙소에서 2분 거리의 메인하우스를 지나 3분 정도 더 걸어가면 어제의 아담한 채플이 있다. 여기서 기도와 성가 합창으로 하루를 시작한다. 단조로운 음조가 마음을 단순하고 평화롭게 한다.

기도가 끝나면 8시 30분. 메인하우스 다이닝 홀에서 다 함께 아침 식사를 한다. 외국 소설에서는 많이 봤지만 실제로는 처음 본 오트밀에 사과와 요구르트를 섞어 먹는다. 이곳에서 만든 플레인 요구르트는 맛이 정말 깔끔하다.

아침 식사를 마치면 9시에 각자 작업장으로 향한다. 게스트들은 사무실 옆 업무 배치표를 보고 그날의 작업장을 찾아간다. 첫날은 부엌에서 완두콩 고르는 일, 다음 날은 세인트 라파엘Saint Raphael's에서 일했다. 세인트 라파엘은 양초 만들고, 옷감 짜고, 목공예 하고, 도자기 만드는 작은 공방이 모여 있는 2층짜리 목조건물이다. 나에게는 미사에 사용하는 양초를 넣었던 병을 깨끗이 닦는 일이 맡겨졌다. 난로 위 큰 대야에 물을 끓이고, 병을 거꾸로 세워 수증기를 넣는다. 그다음 수건으로 감은 작은 막대를 병에 넣어 닦아낸다. 왼손으로 병을 거꾸로 잡고 오른손으로 닦아내려면 어깨와 손목에 힘을 주어야 한다. 오래된 목조건물 귀퉁이에 앉아 병을 닦고 있으니 마음도 깨끗해지는 것 같다.

10시 30분 티타임. 작업장에 둘러앉아 차를 마시며 마돈나하우스 설립자 캐서린 도허티의 책을 낭독한다. 시간을 어떻게 쓸 것인가에 대한 짧은 글. 마돈나하우스의 모든 작업장에서 매일 진행하는 오전의 '영적 독서 시간이다.

"많은 사람이 시간을 낭비하며 살아간다. 하느님의 뜻에 따라 사는 것, 그것이 시간을 가장 소중하게 사용하는 것이다. '시간'은 나의 것이 아니라, 하느님의 것이다." 대략 알아들은 것이다.

11시에 다시 일을 시작하고 12시 점심 식사. 사과, 삶은 팥, 토마토와 콩 요리. 놀랍게도 김치가 나온다. 한국인 스태프가 레시피를 전수해 이곳 사람들이 즐기는 메뉴가 되었다고 한다.

설거지를 다 하고 다음 식사를 위해 스푼, 나이프, 포크 등을 테이블에 놓는다. 다시 작업장에서 일한다. 오후 3시가 되니 30분 동안 티타임이라며 메인하우스로 가라고 한다. 메인하우스 다이닝 홀 옆의 작은 방. 창밖에는 하얀 눈이 쌓인 푸른 강이 펼쳐지고 빨갛고 파란 작은 새들이 지저귄다. 아름답다. 10여 명이 함께 차를 마신다. 누구는 신문을 보고, 누구는 옆 사람과 이야기를 나눈다. 60대 남성 셔먼이 나에게 지낼 만하냐고 묻는다. 그는 45년 전 마돈나하우스에 왔다고. 놀랍다.

다시 작업장으로 돌아가 일을 한다. 오후 5시에 끝난다. 5시 15분에 채플에서 저녁 미사를 드리고, 6시에 저녁 식사를 한다. 얇고 넓적하게 자른 무를 말려 버터에 볶은 요리. 양파, 붉은 양배추, 마늘을 잘게 다져 넣은 샐러드와 고기 스프. 모두 입에 잘 맞는다. 여기 오기 전 몬트리올에서 방을 얻어 살 때는 아침과 저녁은 밥을 먹었고 점심도 가급적 집에서 만들어 간 주먹밥으로 해결했다. 김치와 밥 없이 이곳에서 생활할 수 있을까 걱정했는데 마음이 놓인다. 한국이나 몬트리올에서 먹던 밥상보다 낫다.

식사를 마치면 모두 묵주기도를 한다. 같은 문장의 〈성모송〉을 50번 이상 반복해서 낭독한다. 단순함의 극치. 절에서 〈반야심경〉을 수십 번씩 반복하는 것과 비슷하다. 가끔 졸리기도 하지만 왜 이렇게 편안한지.

단순노동 네 시간, 조화로운 삶

하루의 대부분이 기도, 영적 독서, 티타임, 식사 시간. 일하는 시간은 다 합쳐야 네 시간도 안 된다. 겨우 이틀 지났지만, 이곳의 시간은 나의 이전 시간과 질이 완전히 다르다. 더없이 단조롭고 단순하다. 서울에서 나고 자라 언제나 복잡한 도시에서 살았던 나. 버스나 전철을 타지 않는 일상은 경험하지 못했다. 그런데 여기서는 먹고 일하고 잠자고 기도하고 산책하고, 모든 것이 걸어서 2~10분. 집과 일터를 오고 갈 때 자동차를 타지 않는 것만도 대단한 경험일 텐데, 하루의 모든 시간을 이 단풍나무 숲속에서 지낼 수 있다니. 휴대폰과 노트북을 사용하지 못하는 것에도 뜻밖의 해방감이 있다.

무엇보다 기도와 휴식이 함께하는 단순노동은 나를 편안하게 한다. 다음에 무엇을 해야 한다, 계획할 필요가 없는 것도 너무 좋다. 안식년을 선언하고 캐나다에 와서도 늘 스케줄을 짜서 뭔가를 해야 한다는 조급함이 있었다. 아니 살면서 두뇌가 쉬어본 적이 있었나?

2005년 방송작가로 참여했던 KBS 다큐멘터리 〈조화로운 삶: 니어링 부부의 후예들〉이 떠올랐다. 자연 속에서 조화로운 삶을 통해 자본주의에 저항했던 스콧 니어링과 헬렌 니어링. 그들이 세상을 떠난 후에도 그 정신을 이어 살아가는 미국인들의 삶을 담은 작품이었다. 내 눈에는 종교에 대한 관점만 다를 뿐 마돈나하우스 사람들도 니어링 부부의 삶을 닮아 있다. 기도와 함께 노동, 음식, 독서, 예술로 단순하고 조화로운 삶을 만들어간다.

그런데 의문이 생긴다. 마돈나하우스는 어떤 곳인가? 이들은 무엇을 위해 공동체를 유지하며 살고 있을까? 공동체 생활이 그들만의 만족을 위한 삶은 아닐까? 가난과 함께 단순한 삶을 추구한다지만, 세상의 가난한 삶에 비하면 이들의 삶이 과연 가난한가? 다큐멘터리 작가의 호기심이 고개를 든다. 천천히 알아보자.

첫 번째 일요일의
마돈나하우스 투어

모두 정성껏 옷을 차려입었다. 처음 맞이하는 일요일 아침, 게스트 숙소가 소란스럽다. 나도 청바지를 벗고 자주색 모직 원피스로 멋을 냈다. 이곳의 중고품 가게 세인트 조지프Saint Joseph's에서 1달러에 산 것이다. 미사 때 신을 숙녀화도 준비했다. 역시 1달러다. 중고등학교 모두 미션스쿨을 나왔지만, 이렇게 차려입고 일요일을 맞이하는 게 낯설다.

메인하우스의 창밖으로 보이던 호숫가 옆 오솔길을 따라 10분 남짓 걸어가면, 과거 수녀원이었던 세인트 메리Saint Mary's가 있다. 일요일에는 마돈나하우스의 다른 여러 분야에서 일하는 스태프, 수련생, 게스트 등 120여 명이 이곳에 모여 미사를 드린다. 조금은 낡고 헐렁한 정장을 차려입은 외국 사람들과 함께 성가를 부르고 있으니, 1980년대 서양 영화 속 미사 장면을 촬영하고 있는 것 같다.

미사가 끝난 후 메인하우스로 돌아와 오전 10시 30분쯤 아침 겸 점심을 먹었다. 계란찜 비슷한 요리에 빨간 사과잼, 구운 치즈. 놀랍게도 여기서는 커피를 일요일에 한 번만 마신다. 나는 커피를 끊은 사람이라 둔감하지만 서양에서는 꽤 특별한 일이다. 이들이 추구하는 단순한 생활의 일면인 듯하다.

식사를 마치고 '마돈나하우스 투어'에 참여했다. 처음 온 게스트를 위해 매주 일요일에 마련되는 시간이다. 맨 처음 안내받은 것은 마돈나하우스의 상징인 성모상. 도움이 필요한 사람에게 두 팔을 내미는 형상이다. 사계절 눈비를 맞으며 서 있는 이 성모상은 영성 가득한 삶에 대해 소리 없는 말을 걸어온다.

다음은 마돈나하우스의 설립자 캐서린 도허티가 살던 오두막. 여덟 평 남짓한 방에 침대, 책상, 의자, 빨간 십자가가 전부다. 죽을 때까지 수도와 화장실 없는 오두막에서 지냈다는 캐서린 도허티. 그의 단순하고 검소했던 삶이 엿보인다.

마돈나하우스 투어는 30분이면 끝난다기에 화장실도 참았는데, 함께하는 사람들은 학구파처럼 질문이 많다. 인도에서 열두 살에 부모님을 따라 캐나다로 이민 왔다는 젊은 여성 변호사, 40대 흑인 여성 영어교사 샤메인, 직업은 잘 모르겠으나 착해 보이는 작고 통통한 남성. 나는 영어를 알아듣지 못해 지루한데, 마돈나하우스 투어는 무려 한 시간 반이나 걸렸다.

언덕 위의 농장과 뿌스띠니아

오후 2시에는 농장 방문. 마돈나하우스의 식자재 대부분을 생산하는 곳이다. 20~30대 한국인 여성 게스트 두 명과 나보다 이틀 먼저 온 브라질계 캐나다인 게스트 마르가리타의 자동차를 타고 10분 남짓 언덕길을 달려 농장에 도착했다. 건물이 여러 채라 두리번거리는데 누군가 작은 목조건물 문을 열고 나왔다. 어찌나 선하고 평화로운 얼굴인지 살아 있는 성자를 만난 것 같았다. 이름은 스콧. 52세라지만 마흔도 안 돼 보였다. 그는 우리를 기다리고 있었다며 농장 곳곳을 안내했다.

젖소 짜는 곳, 치즈와 아이스크림 만드는 곳, 특히 농구장만 한 크기의 농기구 창고는 탄성이 나온다. 눈에 빠지지 않기 위해 신발 위에 신는 설피, 말안장 등 없는 것이 없다. 대부분 기증받은 것을 잘 닦고 보관해 정기적으로 가게를 연다. 1년에 한 번은 댄스파티도 한다. 농기구 창고에서 수십 명이 함께 춤을 춘다니, 상상만 해도 흥분된다.

농장 위 언덕에 오르니 시야가 탁 트여 사방이 내려다보인다. 완만한 구릉 너머 멀리 자작나무 숲이 펼쳐진다. 가슴이 뻥 뚫린다. 언덕 위 초원에는 통나무로 만든 오두막 '뿌스띠니아Pustinia'가 있다. 하늘과 산을 바라보며 홀로 조용히 하느님과 대화하는 기도의 공간. 마돈나하우스 설립자 캐서린 도허티가 가져온 러시아정교회 전통의 장소다. 나도 곧 뿌스띠니아를 만나리라.

11월의 오후 3시, 어둑하고 싸늘하다. 서둘러 언덕을 내려온다. 잠시 후 저녁 식사. 평일에는 흩어져 생활하던 마돈나하우스의 사람들이 일요일에는 메인하우스에 모여 함께 식사를 한다. 일요일 저녁은 이른바 '패밀리 나이트Family Night'. 그런 만큼 음식도 풍요롭다. 사과 시럽으로 만든 디저트가 특히 맛있다.

마돈나하우스의 한국인 스태프

일요일이니 식사 후에는 일찍 숙소에서 쉬겠지 했는데, 아니다. 패밀리 나이트에는 밤 9시 30분까지 메인하우스에서 자유롭게 시간을 보내다가 숙소로 가야 한다. 공동체 구성원들의 취향을 존중하면서도 함께 대화하고 노는 문화를 위한 규칙인 듯하다.

이 시간에 나는 마돈나하우스 스태프 주은 씨를 만났다. 그는 마돈나하우스의 아픈 사람을 위한 식사를 담당한다. 30대 후반인 주은 씨는 2003년 3월 처음 이곳에 왔다. 한국에서 다니던 직장을 그만두었을 때 그는 무척 지쳐 있었다. 몸과 마음을 추스리며 기도할 장소를 찾았지만 갈 곳이 없었다. 마침 캐나다에서 유학하던 사촌 언니를 통해 마돈나하우스를 소개받았다. 이곳에 도착해 처음 맞이한 4월 초, 눈이 녹을 때 호숫가의 햇살이 부서지듯 빛나는 모습이 너무 아름다워 펑펑 울었다는 사람.

그의 어머니는 독실한 가톨릭 신자였다. 그가 이곳에 있는 동안 암이 깊어진 어머니는 딸에게 자신의 위중함을 알리지 않았다. 공동체에서 기도하며 살아가는 딸을 방해하지 않기 위해서였다. 어머니의 마지막 길을 위해 잠시 귀국했던 그는 마돈나하우스로 돌아와 남은 수련

기간을 마쳤다. 2006년 6월에는 마돈나하우스에서 살아가겠다는 마지막 약속, '종신서원'을 하고 정식 스태프가 되었다.

어머니 얘기를 하면서 눈물을 흘리지 않은 건 처음이라는 주은 씨. 그의 이야기를 들으며 밤이 깊어간다. 엄마가 돌아가신 지 6년이 더 되었지만, 엄마 이야기를 하려면 울컥 목이 멘다. 다른 사람 이야기를 들을 때도 그렇다.

밤 9시 30분. 숙소로 돌아가 1층 공중전화로 폰뱅킹을 하느라 한참 애를 먹었다. 겨우 끝내고 2층으로 올라가니 파티가 준비되어 있다. 1년 동안 게스트로 생활하다 내일 집으로 돌아간다는 20대 여성 제나의 송별 파티. 집이 마돈나하우스에서 가까워 어릴 때부터 자주 놀러 왔다고 하는데, 몇 주 후 자기 생일에 우리를 초대한다.

11시에 불을 끄기 전까지 세수도 하고 잠자리 준비도 해야 한다. 마돈나하우스에서 맞은 첫 번째 일요일은 일어나서 자는 순간까지 꽉 차고 분주했다. 한동안 잠을 이루지 못했다. 앞으로 어떤 시간이 펼쳐질까? 두근두근 가슴이 뛴다.

마돈나하우스 설립자 캐서린 도허티 연보❖

1896　러시아에서 태어나 수녀원 학교를 다녔고 동방정교회의 강력한 영성적 전통을 물려받았다.

1917　러시아 혁명 이후 핀란드를 거쳐 도착한 영국에서 가톨릭 신자로 개종했다.

1921　캐나다로 이주했다.

1930　토론토에서 가난한 사람들의 평신도 공동체 '우정의 집'을 만들어 노숙자를 위해 쉼터와 식사, 신문 발행 등의 활동을 했으나 실패했다.

1938　미국 뉴욕 할렘가에서 '우정의 집'을 다시 시작, 친구인 '가톨릭 일꾼'의 도로시 데이와 함께 운동했다. 가톨릭 영성가 토머스 머튼과도 교류했다.

1942　시카고에 '우정의 집'을 설립했다.

1943　아일랜드계 미국인 신문기자 에디 도허티와 재혼했다.

1947　시카고를 떠나 토론토 동북 방향 작은 마을 컴버미어에서 공동체에 대한 사랑, 기도, 가난한 사람에게 봉사하는 소명을 위해 '마돈나하우스'를 설립했다.

1985　90세의 나이로 사망할 때까지 20여 명의 사제와 130여 명의 남녀 평신도로 구성된 마돈나하우스의 기틀을 잡았고 십여 권의 책을 집필했다.

❖ 『Catherine de Hueck Doherty』(David Meconi S. J., Orbis Books, 2009)를 참고해 정리하였다.

모든 일상에
기도가 있다

 컵을 들 수가 없다. 손목에서 팔까지 통증이 심하다. 양치질할 때 오른손목을 왼손으로 잡고 움직여야 할 정도다. 왼손으로 병을 거꾸로 잡고 닦는 일이 무리였나? 담당자 줄리에게 이야기하고 간호사 다이애나와 상담했다. 소란을 피운 것 같아 미안했다. 오후에는 업무 배치가 바뀌었다. 마돈나하우스의 타블로이드판 월간 종이신문 〈회복Restoration〉을 발행하는 작은 사무실에서 봉투에 우표 붙이는 일을 했다. 내 몸 상태를 신경 써준 것이다.

 그러나 다음 날도 그다음 날도 몸이 힘들다. 하루에 겨우 네 시간 일하는데도 이렇게 아프다니 우울하다. 하지만 순간순간 나의 영혼에 맑은 물을 부어주는 시간이 있다.

청소도 주님의 시간

11월 14일 수요일, 도착한 지 1주일이 지났다. 아침 식사를 끝내고 사무실에서 다시 우표를 붙였다. 오늘은 함께 일하는 게스트 파트너가 바뀌었다. 멀리 캐나다 중부 리자이나에서 온 세실리아는 짧은 머리에 작고 몸이 마른 60대 여성이었다. 오전 10시, 30분의 티타임 동안 그와 나, 그리고 세 명의 사무실 스태프가 둘러앉아 캐서린 도허티의 책 『사계절에 깃든 은총 Grace in Every Season』(Madanna House Pubns, 1992)의 한 부분을 읽었다.

책은 구성이 매우 독특하다. 일상과 영성을 연결한 캐서린 도허티의 글을 월별, 날짜별로 편집해 엮었다. 예컨대 1월 1일은 '새해의 시작과 믿음'으로, 12월 1일은 '예수, 가난의 진실'로 그달을 시작한다. 생일, 졸업, 농사, 바느질, 요리, 집안일, 수작업, 음악 등 일상의 삶과 기도에 대한 글도 있다. 매일매일 반 페이지 정도의 짧은 글. 11월 14일, 오늘의 테마는 '청소와 신학'이다.

신학에서는 모든 사물이 참된 주님의 창조물이라고 여깁니다. 걸레든 쓰레받기든 모두 주님의 창조물이지요. 베네딕트 성인이 정립한 육체노동의 신학에 대한 글을 보면, "수도원의 모든 도구를 사용할 때는 경건한 자세로 제대 위의 전례 도구를 다루듯 해야 한다"고 쓰여 있습니다. 안타깝게도 캐나다와 미국에서는 사람들이 육체노동을 하찮게 여기고는 하지요. 이는 육체노동이 존엄하다는 복음의 원칙과는 매우 동떨어진 것입니다.

그리스도 역시 목수, 즉 육체노동자였어요. 어쩌다 보니 그런 직업을 갖게 된 것이 아니에요. 그분께서 '선택하신' 직업이지요. 또한 마리아 성모님도 가나안 땅의 가정주부에 불과했어요. 오늘날 우리가 누리는 편리한 도구도 없이 모든 집안 살림을 도맡아 하셨다는 점을 잊지 말아야 합니다! 그러니 주님, 성모님, 성 요셉의 성가정이 찬미하며 신성하게 여겼던 집안일과 모든 육체노동을 우리 자신의 영혼과 건강을 위해 성심성의껏 수행해야 합니다. 방 하나 정돈 못 하고 서랍과 선반도 제대로 정리 못 하면서 어떻게 세상을 그리스도에게 되돌려놓을 수 있을까요?

청소하기 전에 성호를 그어보세요. 청소 시간은 주님의

시간이요, 빗자루도 주님의 것, 방바닥도 주님의 것입니다. 이 시간을 어떻게 시작할지는 여러분에게 달렸습니다. 여러분은 빗자루로 바닥을 청소하는 동안 성인이 될 수 있습니다. 주님께서는 여러분이 어떠한 마음가짐으로 일하는지 지켜보실 것이기 때문이지요. 청소가 곧 노래가 되고, 사랑과 속죄의 기도문이 되기를 바랍니다.

청소를 노래하며 기도하는 마음으로 한다니. 상상하기 어려운 경지다. 캐서린 도허티의 글은 메시지가 간단명료하다. 나처럼 영어를 못하는 사람도 맥락을 짐작할 수 있다. 더욱이 함께 눈으로 책을 보며 낭독하니 그 의미를 정확하게 공유할 수 있다. 여러 사람의 에너지가 흐르는 낭독에는 힘이 있다. 낭독을 끝내면 눈을 맞추고 대화한다. 서로의 느낌을 나눈다.

글에서 무언가 연상되었는지 세실리아는 자신의 이야기를 들려준다. "여동생이 암으로 죽고 나서 내 몸에서도 암이 발견되었어요. 죽음에 대해 깊은 체험을 하게 됐어요." 오전 티타임과 함께하는 30분의 영적 독서는 같은 시간 마돈나하우스의 모든 일터에서 진행된다. 영어를 잘하든 못하든, 어디서 왔든 처음 만난 사람에게 자신의 고민과 이야기를 솔직하게 내놓을 수 있는 안전한 장소. 새로운 경험이다.

진실한 그리스도인 안에서 예수를 만난다

오후에도 주 1회 한 시간 동안 영적 독서 시간이 있다. 점심 식사 후 70여 명이 다이닝 홀 식탁에 앉는다. 신부님이 책을 읽어주면 사람들은 듣는다. 뜨개질이나 바느질하는 사람, 졸고 있는 사람, 자유로운 분위기다. 내가 알아듣지 못하는 걸 눈치챘는지 누군가 신부님이 읽는 책을 가져와 페이지를 찾아준다. 그의 친절 덕분에 읽기와 듣기를 함께 하니 훨씬 이해하기 쉽고 덜 졸리다.

"『성경』에 대한 책을 읽지 말고, 『성경』을 직접 읽어야 한다"는 캐서린 도허티의 얘기가 쏙 들어온다. 오래전 노동자교육 단체에서 일할 때 "마르크스에 대한 해설서 말고 『자본론』 같은 마르크스의 저작을 직접 읽자"고 강조하던 게 생각난다. 『성경』이든 『자본론』이든 달을 가리키는 손가락 너머의 진실에 다가가자는 얘기일 것이다. 그것이 영성과 종교든 사상이든 말이다.

다음 날에도 점심 식사 후 영적 독서 시간에 마음에 드는 구절을 하나 더 발견해 일기장에 적었다.

오늘날 혼란한 세상에서 사람들은 진실한 예수를 찾는다. 『성경』에서 읽어본 적이 있지만 직접 만나지는 못했던 복음 속의 그리스도를 찾아 헤맨다. 어떻게 예수를 찾을 수 있느냐고 묻는다. 그러나 답은 매우 간단하다. 우리는 진실한 그리스도인 안에서 예수를 만난다.

마지막 문장에서 번쩍 눈이 뜨였다. "진실한 그리스도인 안에서 예수를 만난다." 결국은 내 안에 신적인 요소가 있음을 깨달아야 한다는 말. "내 옆에, 네 안에 부처가 있다." 불교 경전에서 강조하는 것과 맥이 통한다. 중요한 문장을 발견해서 뿌듯했다.

기도란 무엇인가

날씨가 더 추워졌다. 영하 15도. 아침에 숙소에서 나올 때 털조끼를 더 입으려다 채플 시간에 늦을까 봐 그냥 뛰어나왔더니, 가슴팍이 시리다. 추웠던 몸이 녹은 탓일까? 점심을 먹고 오후 2시가 지나니 졸음을 참기 어렵다. 내가 딱해 보였는지 사무실 스태프 메리가 일러준다. "3층에 기도실이 있는데, 오후 작업할 때 30분에서 한 시간 정도 거기서 기도할 수 있어요."

작업시간에도 기도하러 갈 수 있다니, 반갑고 놀라웠다. 오후 3시부터 30분 동안 기도실에서 촛불을 바라보다 깊은 잠에 빠져들었다. 기도하다가 잠을 자도 되나? 양심에 좀 찔렸는데 나중에 주은 씨가 말해준다. "잠을 자도 하느님 앞이면 깊은 휴식을 선물로 주신답니다."

다음 날도 오후 2시부터 3시까지 사무실에서 우표 붙이는 일을 한 다음, 30분 동안 다락방 기도실에 있었다. 여기 온 지 열흘. 간절하게 기도할 것이 떠오르지는 않는다. 병 닦다 생긴 손목 염좌에 허리, 다리가 아파도, 마음과 머리는 쉬고 있다. 이 시간이 얼마나 꿀맛인지.

무념무상. 제단 위의 촛불을 바라본다. 헤드폰을 쓰고 음악을 듣는다. 아픈 내 손이 다른 손을 보듬어 만져본다. 꾸벅꾸벅 졸기도 한다. 며칠 동안 살펴보니 이곳은 마돈나하우스의 게스트, 수련생, 스태프 모두가 기도하며 깊은 휴식을 취하는 장소였다. 그런데 새로운 질문이 떠오른다. 기도란 무엇일까?

기도는 소원을 이루게 해달라고 비는 것만이 아니다. 감사 기도, 명상 기도, 관상 기도, 참선 기도 등 모든 기도의 핵심은 내면의 깊은 목소리에 귀 기울이는 것, 작은 자아를 버리고 비우며 자신의 영혼을 더 가볍고 자유롭게 만드는 것이 아닐까.

    이날부터 3층 다락방 기도실은 내가 가장 좋아하는 장소가 되었다. 공동체의 꽉 짜인 생활에서도 홀로인 동시에 함께하는 기도의 시간을 충분히 허용하는 마돈나하우스. 공동체의 규칙과 질서만을 강조하는 곳이 아니다. 어쩌면 이것이 마돈나하우스가 1947년부터 현재까지 이어올 수 있었던 힘이 아닐까.

노동하는 신부님

마돈나하우스에서 가장 인상적이었던 존재는 신부님들이었다. 신부님 대부분이 목공소, 주방, 농장에서 노동을 한다. 함께 밥을 먹고 놀기도 한다. 저녁 휴식 시간에 공동체 사람들과 어울려 피아노를 치고 바이올린을 연주하는 신부님도 있었다. 사제의 권위와 서열이 느껴지지 않았다. 마돈나하우스에 소속된 사제는 10여 명. 매일 신부님들이 순번을 정해 아침·저녁 미사를 집전하는데, 이때가 아니면 겉모습만 봐서는 누가 신부님인지 알 수가 없었다.

마돈나하우스 신부님들의 또 다른 주요 임무는 영적

상담이다. 스태프는 물론 수련생, 게스트 누구나 신부님을 선택해 영적 상담을 할 수 있다. 호기심이 많은 나에게는 누가 좋을까? 며칠 동안 살펴보았다. 그런데 미사 때마다 주님에 대한 순수한 감동의 열기를 전하는 신부님이 있었다. 이곳에 처음 도착했을 때 밝게 웃으며 나를 환영해주었던 사람. 보기만 해도 마음이 편해지는 키에렌 신부님에게 대화를 요청했다. 저녁 식사를 마친 후 메인하우스 옆 건물 세인트 마틴Saint Martin's의 작은 방에서 그를 만났다.

테이블 하나, 의자 두 개, 작은 성모상이 전부인 소박한 방. 조명은 따뜻했다. 키에렌 신부님은 얼굴이 빨간 아일랜드계. 눈빛이 맑고 선량했고, 순수한 테너의 목소리를 지녔다. 덕분에 첫 만남인데도 긴장하지 않았다. 내가 어떻게 이곳에 오게 됐는지, 지내면서 어떤 느낌인지 솔직하게 이야기를 나누었다.

영적 상담이 아닌 인터뷰만 할 때도 있었다. 영어는 못해도 다큐멘터리 작가였던 나에게 인터뷰는 익숙하고 훌륭한 대화 방법이었다. 질문은 짧고 대답은 길다. 이게 인터뷰 아닌가.

마돈나하우스에 오기까지

"8남매 중 장남이에요. 아버지는 1958년에 아일랜드에서 캐나다로 이주했고, 1959년에 어머니를 만났어요. 두 분 모두 가톨릭 신자로 교사였어요. 그래서 어릴 때부터 자연스럽게 성당에 다녔어요. 집에는 신부님들이 자주 놀러 왔지요. 그분들의 삶이 훌륭해 보여 10대 후반에 사제가 되겠다고 결심했어요. 청소년기에 깊은 영적 체험을 했거든요. 내 몸의 세포 하나하나를 통해 주님을 느끼게 되었지요. 그러나 영적 체험을 한다고 해서 영적인 성장을 하는 건 아니었어요."

청소년기에 영적 체험을 통해 주님의 사랑을 느꼈고, 자신의 삶은 주님을 통해서만 의미가 있음을 깨달았다는 이야기. 나로서는 상상하기 힘든 경지다. 그는 어린 시절의 체험을 어떻게 숙성시켰을까?

"고향 근처의 농장에서 기도하고 독서하며 일하다가 신학교에 갔어요. 1983년에 졸업했고요. 그때 영적 성장을 위해 공동체 생활이 필요하다는 걸 깨달았지요. 교구의 많은 사제가 개인적인 생활을 하는데 나에게는 맞지 않았거든요. 그러다 1987년에 동료 신학생이 마돈나하우스를 알려줬어요. 여기서 지냈던 경험이 있는 친구였지요. 그의 소개로 처음 와서 한 달 정도 지냈어요."

얘기를 나누다 키에렌 신부님과 내가 동갑임을 알게 됐다. 왜 동갑은 더 반갑지? 1987년이면 내가 인천의 노동교육 단체에서 일할 때인데. 그가 마돈나하우스를 만났을 때 첫인상은 어땠을까?

"이곳에는 내가 갈구하던 것이 많았어요. 당시에 가난한 사람을 돕는 일에 참여하고 싶었는데, 마돈나하우스가 그랬거든요. 여러 사람이 함께하는 공동체에서 지내고 싶었던 나에게 마돈나하우스의 공동체 시스템은 인상적이었어요. 우리의 모든 노동이 신앙생활과 연결된다는 마돈나하우스의 비전 역시 좋았고요. 게스트로 두 번째 왔을 때는 8개월을 지냈지요. 이곳에서 예수 그리스도를 발견하며 주님에 대한 사랑을 키워나갈 수 있었어요. 이곳은 성모님에게 봉헌된 장소예요. 성모님의 보호를 받으며 성모님을 위한 기도를 생활화했지요. 하지만 그때 대출받았던 학자금을 갚아야 했어요. 집에 돌아가 1년을 일하고 다시 돌아왔어요."

거절할 자유가 있어야 사랑할 수 있다

게스트로 한 달, 그리고 8개월. 두 차례 살아본 후 여기서 자신이 원하는 삶을 살 수 있음을 확인했다. 그러나 신부가 되고 싶었던 그에게 마돈나하우스는 다른 일을 맡겼다.

"그때 나는 사제가 되고 싶었는데 마돈나하우스에서는 먼저 평신도 스태프로 일하라고 하더군요. 그래서 12년 동안 평신도 스태프로 일했어요. 그중 5년 동안은 에드먼턴, 리자이나, 화이트호스에서 노숙자를 위한 일을 했지요. 사제가 되기 위해 공부하고 싶다는 나의 요청은 1994년에 받아들여졌어요. 토론토에서 5년에 걸쳐 사제 과정을 마치고, 2000년에 신부가 되어 마돈나하우스로 돌아왔어요."

신부가 되고 싶었지만 먼저 평신도로 일하라기에 12년 동안 평신도로 일하다 사제 교육 과정을 밟았다니. 이것이 순명順命인가? 나로서는 쉽게 이해되지 않는다. 순명은 무조건적 복종과 어떻게 다른가?

"우리 공동체에는 상급자가 존재해요. '디렉터'라고 부르지요. 디렉터는 공동체 멤버가 투표로 선택하는데, 주님께서 그 사람을 통해 공동체의 질서를 가져다준다고 여기지요. 우리가 그 사람의 요청에 '네'라고 대답하는 것은 결국 주님께 '네'라고 답하는 거고요. 하지만 우리에게는 '아니요'라고 말할 자유가 있어요. 이것은 매우 중요해요. 나에게 선택할 자유가 없다면 어떻게 사랑을 베풀겠어요. 사랑에는 언제나 선택이 함께해요. 다른 사람에게 억지로 사랑하도록 강요할 수는 없지요. 이곳의 게스트들에게도 말해요. '당신이 지금 식탁을 닦고 있는데, 그건 당신이 노예라서 하는 일이 아니다. 당신에게는 선택권이 있다. 당신이 하는 일을 사랑하는 마음이 중요하다.' 우리의 순종은 열린 마음으로 하는 선물 같은 것이에요. 순종은 자신에게도 좋은 일이고 우리가 성장하게 도와주지요."

그러나 거절할 자유가 있다 해도 공동체 구성원으로서 염두에 둘 점이 있다고 한다.

"공동체 안에서 어떤 일을 할 사람이 필요한 상황인데, 나처럼 다른 사람도 거절할 수 있잖아요. 그러니까 '네'라고 했을 때의 결과와 '아니요'라고 했을 때의 결과를 생각해야 하지요. 그리고 내가 한 답변에 따른 결과를 받아들일 준비가 되었는지가 중요해요."

알 듯 모를 듯하다. 나라면 하고 싶은 것을 미루고 기꺼이 순명하는 삶을 선택할 수 있을까? 그의 순명과 나의 선택은 맞닿는 점이 있을까? 의문을 뒤로한 채 그가 평신도로서 빈민을 위해 어떤 일을 했는지 물었다.

"마돈나하우스는 캐나다, 미국 등 여러 곳에 필드하우스(지부)가 있어요. 나는 캐나다 에드먼턴의 급식소에서 스튜를 만들었어요. 음식을 만들고, 찾아오는 이들에게 옷을 주고, 이야기를 들었지요. 리자이나에서는 찾아오는 사람이 많아서 식당을 관리했어요. 화이트호스에서는 노숙자 쉼터를 운영했고요. 옷을 주고 쉼터에서 지낼 수 있게 도왔지요."

가난한 사람에게서 그리스도를 보다

노숙자 쉼터에서 평신도 스태프로 일하며 특별히 기억에 남는 일이 있었을까?

"하루는 식사 시간이 끝날 때쯤이었어요. 거의 모든 사람이 자리를 떴고 나는 식당 한쪽에 서 있었는데, 한 사람이 다가왔어요. 조금 취해 비틀거렸는데 슬퍼 보였어요. 마흔 살쯤 됐을까? 그가 말했어요. '그리스도도 가난한 사람이었지요, 그렇지요?' 그때였어요. 그 사람 뒤에 걸린 그림이 눈에 확 들어왔어요. 거리의 빈민들이 음식을 받으려고 줄을 선 가운데 예수님이 함께 있는 그림. 그 사람은 그림을 보지 못했지만, 그때 나는 깊이깊이 깨달았어요. 예수 그리스도께서 이 사람 안에 존재하는구

나. 주님은 이 가난한 사람이 우리와 이곳에 함께하는 것을 좋아하신다."

마돈나하우스에 오기 전 토론토에서 사회복지사로 일하는 친구 집에 이틀 동안 머물렀다. 그 친구는 당시 감옥에서 나온 사람들을 위해 캐나다 정부가 운영하는 그룹 홈을 관리하고 있었다. 한국에 이런 시스템이 있다는 얘기를 듣지 못했던 나는 캐나다의 의료나 복지 체계가 한국보다 훌륭하다고 생각했는데, 이런 캐나다에서도 빈민구제 사업이 별도로 필요한 걸까?

"캐나다 사회복지 시스템은 잘 되어 있는 편이지요. 하지만 언제나 틈새와 사각지대가 존재해요. 국가의 혜택을 받지 못하는 사람들, 빈곤계층 중에서도 가장 가난한 계층이 있잖아요. 이들을 우리가 돕는 겁니다. 정부가 추진하는 사회복지 시스템에 모든 걸 맡기면 가난한 사람이 그리스도를 만날 기회를 차단하는 것이 되지요. 직접 눈을 마주치는 기회가 중요합니다. 힘없고 가난한 사람에게 하는 선한 행동이 곧 그리스도에게 행하는 것이기 때문이지요."

"세상에서 무시당하고 버림받은 사람들에게서 그리스도를 본다." 이것은 1933년 미국에서 '가톨릭 일꾼' 운동을 시작하며 '환대의 집'을 열었던 도로시 데이의 정신과 통한다. 가난한 사람들을 위해 음식을 준비하며 누구든 환대하던 도로시 데이의 존재를 알게 된 것도 마돈나하우스에서였다. 게스트들을 위해 영화를 보여준 것이다.

가난과 청빈을 중요한 가치로 여기는 마돈나하우스. 절대적 기준에서는 이들의 삶이 가난하지 않을 수 있다. 그러나 가톨릭교회의 지원 없이 모든 것을 기부받아서 운영하며 헌 옷을 입고, 스스로 농장에서 재배한 음식물을 먹고, 커피는 일요일에만 허용되는 삶. 이것은 캐나다의 가난한 서민의 삶보다 훨씬 단순하고 청빈하다.

노숙자를 돕기 위해 노숙자가 되어야만 하는 것은 아니다. 가난한 사람을 주님처럼 고귀하게 여기며 살아가는 태도만으로도 배울 점이 있다. '그 나라가 좋은 사회인지 나쁜 사회인지는, 사회적 약자를 대하는 태도를 보면 금방 알 수 있다'는 말이 있는데. 가난한 사람들과 함께하겠다는 마돈나하우스의 태도는 불쌍해서 시혜를 베푸는 것과는 차원이 다르다.

나의 경험이 부족한 탓이겠지만, 한국에서는 가난한 삶, 가난한 사람과의 만남을 이토록 강조하며 자신의 공동체로 품어 안는 종교 집단을 보지 못했다. 가난한 자에게서 예수 그리스도를 본다는 마돈나하우스 사람들이 더욱 매력적으로 다가왔다.

신부님과의 첫 번째 대화는 저녁 7시부터 한 시간 30분 동안 이어졌다. 절에서 스님과 차담은 한두 번 해봤지만 신부님과 일대일로 대화해본 적이 없는 나에게는 신선한 경험이었다. 더욱이 그는 내 마음을 읽었다. 내가 말문이 막히면 "말하려는 게 이거지요?" 하고 짚어주었다. 나도 그의 이야기를 절반은 알아들을 수 있었다. 신기했다.

우리는 만남을 통해 배운다. "진실한 그리스도인 안에서 예수를 만난다." 이 말이 신부님과 대화하며 내 손에 잡히는 듯했다. 숙소로 돌아가기 직전 메인하우스 다이닝 홀에서 공동체 사람들이 모여 짧은 굿나이트 기도를 할 때 심장이 기분 좋게 뛰었다.

사흘 후 나는 키에렌 신부님에게 영적 상담자가 되어 달라 부탁했다.

몸은 지치고
영어는 안 되고

목요일은 특별한 날이다. 오후는 게스트들의 자유시간. 일을 하지 않는다. 오늘은 이곳에서 맞는 두 번째 목요일. 한국인 게스트끼리 음식을 만들어 먹을까, 시내 구경을 갈까, 숙소에서 낮잠을 잘까 고민했다. 결론은 마르가리타의 차를 타고 다섯 명이 함께 시내에 가기로 했다. 자동차로 5분 거리. 시내라고 해봐야 편의점과 피시방 말고는 별것 없다. 편의점에서 치약, 치실, 과자, 일요일에 먹을 냉동새우를 샀다. 20~30대 게스트들은 인터넷을 하기 위해 피시방에 간다는데 나는 관심 없었다. 노트북도 휴대폰도 없는 생활이 좋아 푹 빠져보기로 했다. 돌아오면서 마돈나하우스가 운영하는 세인트 조지프에 들러 쇼핑을 했다. 낡은 가죽 부츠 하나를 1달러에 샀다. '득템' 덕분에 엔도르핀이 솟았다.

목요일 오후가 자유시간인 대신에 토요일은 오후 5시까지 일한다. 오전에는 한 시간 정도 콩을 골랐다. 오후에는 주방에서 일하는 주은 씨를 도왔다. 아픈 사람을 위한 특별 수프를 준비하는 일. 그런데 주은 씨를 따라 주방 아래 반지하실에 내려갔다가 깜짝 놀랐다. 선반에 과일 조림, 잼, 피클 등 온갖 저장식품이 빼곡하게 쌓여 있었다. 모두 여기서 재배한 농작물로 만든 것이다. 또 하나 놀란 것이 있다. 비닐 봉투를 버리지 않고 모두 비누로 깨끗이 씻어 말려 사용한다. 옷은 기부받아 입는다. 이 모든 게 공동체의 규칙대로 행하는 일이다. 심플 라이프, 생태적인 삶이다.

동방정교회식 미사와 산책

11월 18일 일요일, 이곳에 온 지 12일째. 오늘 미사는 예사롭지 않았다. 신부님의 복장이나 성물, 향까지 동방정교회 전통을 본받은 모양새다. 마돈나하우스에서는 한 달에 한 번 동방정교회 방식으로 미사를 드린다. 미사는 노래와 노래로 이어진다. 음악이 많아 더욱 경건하고 아름답다. 성체식도 납작한 흰색 밀전병이 아니라 카스텔라처럼 포실포실한 빵을 작게 잘라 나누어준다. 젊은 시절 러시아정교회 신도였던 캐서린 도허티는 동방정교회와 서방교회의 교류와 만남을 자신의 중요한 소명으로 삼았다고 한다. 그래서인지 평일 오전·오후 미사를 드리는 채플과 일요일 미사 장소의 전면에는 동방정교회의 성화聖畵, 이콘 여러 개가 모셔져 있다.

아침 겸 점심 식사를 마친 후 일요일 교복(?)인 자주색 원피스를 벗었다. 등산복으로 갈아입고 서둘러 산책을 했다. 손끝이 얼얼해 감각이 없을 만큼 추운 날씨인데도 몸은 춥지 않았다. 햇볕을 즐기며 자유롭게 걸으니 너무 상쾌했다. 평소에는 공동체의 하루 일정이 꽉 짜여 있어 잠시 잠깐의 이동이나 휴식 말고는 마음껏 운동을 하거나 햇볕을 즐길 수 없는 탓이다.

메인하우스에서 농장으로 가는 완만한 길을 오른다. 혼자 걷다가 잠시 걸음을 멈춘다. 산이 뿜어내는 소리를 듣는다. 내가 가만 있으면 천지 사방이 고요하고 적막하다. 그 소리가 얼마나 좋은지. 쨍하니 맑은 하늘빛에 호수 또한 거울처럼 시리도록 투명하다. 완벽하게 깨끗한 날씨다.

언덕을 오르는데 저 아래서 인기척이 들린다. 누군가 걸어 올라오고 있다. 서른 살 남짓으로 보이는 홍콩계 캐나다인 앤드루. 검은색 가느다란 뿔테 안경에 짧은 머리, 똘똘하고 샤프한 인상의 그는 밴쿠버에서 신학교를 다니다가 이곳에서 게스트로 체류하고 있다. 눈인사를 나누고 그가 앞질러 올라간다. 목적 없이 나선 길. 그가 위에서 왼쪽 길로 접어들기에 나도 그쪽 길을 택한다. 하지만 마냥 걸을 수는 없다. 2시 30분에 한국인 게스트들과 컵라면을 먹기로 했으니까. 홀로 산책이 아무리 좋아도 뜨끈한 컵라면을 마다할 수는 없지. 서둘러 내려간다.

마돈나하우스에 한국인 게스트가 유난히 많은 이유

메인하우스 1층 주방에서 수선을 피우며 허겁지겁 컵라면을 먹었다. 이곳의 음식이 입에 잘 맞는다고 생각했는데도 역시 한국 컵라면이 최고다. 속도 몸도 노글노글하게 풀렸다.

라면을 먹으면서 한국인 여성 게스트들에게 이곳에 어떻게 오게 됐는지 물었다. 엄마 친구 소개로 온 20대 대학생 J, 토론토에 어학연수를 왔다가 마돈나하우스를 알게 되었다는 20대 Y, 밴쿠버 마돈나하우스 필드하우스에서 자원 활동을 하다가 왔다는 30대 전직 은행원 S, 학원에서 수학강사로 일하다가 영어도 배우고 외국 생활도 체험해보고 싶어 왔다는 20대 후반 M. 캐나다에 유학 오거나 이민 온 한국인보다 한국에서 일부러 이곳을 찾아온 게스트가 훨씬 더 많다. 한국의 신학생도 오지만, 드문 경우다. 이들은 짧게는 1~2주, 길게는 6개월에서 1년 동안 게스트로 머문다.

많을 때는 한국인 게스트가 10명이나 된다는데, 일본이나 중국에서 온 게스트는 거의 없다. 마돈나하우스에 머무는 두 달 동안 일본인 게스트를 한 명 봤지만, 그것도 대단히 이례적이라 한다. 왜 마돈나하우스에는 다른 아시아 나라보다 한국에서 더 많이 찾아올까? 한국인이 종교와 영성에 특별한 관심이 있어서? 아니면 한국에서는 몸과 마음이 쉴 곳을 찾기가 어려워서? 답을 쉽게 내릴 수가 없다.

몸이 지친다, 미열이 난다

저녁 식사 후 메인하우스 다이닝 홀에 사람이 거의 보이지 않았다. 아, 오늘은 일요일이니 일찍 숙소로 돌아가는 거겠지? 숙소로 돌아와 잠옷으로 갈아입었다. 그런데 잔이 들어오다 나를 보고 깜짝 놀랐다. "은경, 왜 여기 있어요? 일요일 저녁은 패밀리 나이트라 9시 30분까지 공동체 사람들과 함께 시간을 보내야 해요."

깜빡했던 것이다. 피곤해서 일찍 자려 했는데 낭패였다. 양말, 바지, 코트까지 다시 중무장하고 눈길을 걸어 메인하우스로 돌아갔다. 다이닝 홀에서 한 시간 남짓 '사막의 영성'에 관한 책 『사막의 영성 뿌스띠니아』(캐서린 도허티, 우진출판사, 1995)의 영문본과 국문본을 비교하며 읽었다. 그러나 자꾸 눈이 감겼다.

나 같은 게스트에게 일요일은 휴식의 시간이 아니다. 활동량이 많아 평일보다 훨씬 지친다. 오전 11시에 아침 겸 점심 식사를 마치면 오후 5시까지 자유시간이다. 귀한 자유시간이라 산책을 하거나 사람을 만나거나 뭐든 하고 싶다. 그런데 저녁 식사 후에도 몸이 쉴 수 없으니, 기력이 달린다. 젊고 건강한 게스트들은 아무 문제가 없다. 하지만 나는 몸이 약해 1주일에 적어도 하루는 아무것도 하지 않고 쉬어야 하는데, 여기서는 불가능하다. 컨디션 조절을 잘해야 한다.

11월 19일 월요일, 아침에 일어나기가 힘들다. 몸이 너무 무겁다. 미열이 난다. 체력이 떨어질 때는 늘 그렇다. 오늘 하루 쉬지 않으면 몸살이 올 것 같은데. 잔은 일요일 밤마다 뿌스띠니아에 가서 자리에 없다. 대신에 도서실에서 일하는 샤메인이 임시로 24시간 대체 근무를 하는데, 오늘 내가 배치된 곳도 도서실. 샤메인에게 부탁했다. 점심 식사 후 게스트 숙소에서 휴식하고 싶다고. 다행히 허락을 받았다. 그런데 게스트 숙소까지 함께 걸어가며 그가 말했다. 내 체온을 재야 한다고.

"내 몸은 내가 알아요. 체온계에는 안 잡혀요. 서울에서 내 주치의가 이건 일종의 열감, 허열이라 했거든요."
"여기는 공동체라 한 사람이 열이 나면 다 옮을 수 있어요. 열이 몇 도인지 체크해야 해요." 샤메인이 체온계를 나의 혓바닥 밑에 집어넣었다. "어? 체온이 낮은데요?" 샤메인이 큰 소리로 말했다. "아이쿠, 내 미열이 원래 그렇다고요."

설마 꾀병이라 오해하지는 않겠지? 민망하다. 고열이 나거나 심하게 아프지 않으면 5시 15분 저녁 미사에는 참석하라고 하더니, 잠시 후 점심 식사를 하고 숙소에 가서 쉬다 저녁 식사는 메인하우스에 와서 하라고 말한다. 점심 식사와 영적 독서 시간이 끝나고 게스트 숙소에 들어와 침대에 누웠다. 난방을 하지 않는 오후의 게스트 숙소는 썰렁하다. 피곤이 밀려오는데도 잠이 깊게 들지 않는다. 저녁 식사를 한 후 다시 들어와 누웠다. 내일은 좋아지면 좋겠는데. 걱정이다.

다음 날은 도서실에 새로 들어온 책 표지를 비닐로 포장했다. 도서실 공간이 별도로 있는 건 아니다. 메인하우스의 1층 일부와 식사도 하고 강의도 듣고 파티도 하는 다이닝 홀 벽면은 모두 책장으로 둘러싸여 있는데, 도서관처럼 책을 잘 분류해서 찾기 좋게 되어 있다. 하나하나 표지를 비닐로 싸다 보니, 옛 생각이 났다. 어린 시절 교과서를 새로 받으면 이렇게 포장하고는 했지.

저녁 설거지를 끝내고 8시 20분에 숙소로 돌아왔다. 매주 화요일과 목요일은 '얼리 나이트 Early Night'라고 하여, 평소보다 일찍 숙소에서 쉬는 날이다. 그런데 또 게스트들이 이야기를 시작하는 게 아닌가. 밤 10시가 다 되도록 10여 명이 둘러앉아 끝도 없이 수다를 피우는데, 젊은 게스트들은 말이 특히 빨랐다. 슬그머니 뒤로 빠졌다. 세탁실에 내놓기 위해 손바느질로 속옷과 양말에 이름표를 달면서 생각했다. '말도 알아듣지 못하면서 여기 왜 있는 거지?' 마음이 점점 가라앉았다.

왜 여기에 있는가

11월 20일 화요일, 마돈나하우스에 온 지 2주일이 흘렀다. 내일 오전에는 신부님의 강의를 듣고, 목요일에는 점심 식사 이후 자유시간이다. 금요일 저녁부터 24시간 동안 홀로 명상하는 뿌스띠니아에 다녀오면 이곳 생활에도 한 획을 긋게 되겠지. 그런데 미사 시간에도 기도에 집중하지 못하고 있다. 영성, 기도, 생태적인 생활. 마음과 머리에는 평화가 가득해도 이게 무념무상인지 몸이 힘들어 멍한 상태인지 구별하기가 어렵다. 명징하게 깨어 있는 상태가 아니다. 아침부터 밤까지 하느님God, 주님Lord을 입에 달고 사는 이들의 꽉 짜인 생활에 질릴 때도 있다. 영어가 안 되어서 그런가? 여기 있는 게 맞는 건지 갈등이 생긴다.

11월 21일 수요일, 와우! 아침에 일어나니 온 세상이 하얗다. 이곳 생활에 대해 회의하고 있는 내 마음을 하느님이 아셨나? 설경의 아름다움이 나의 복잡한 마음을 날려준다. 하지만 오후가 되어 햇빛이 비치니 눈은 금방 녹고, 내 마음도 다시 왔다 갔다 한다.

아침 식사 후에는 폴 신부님의 강의를 들었다. 역시 거의 알아듣지 못했다. 오후에는 내내 마늘을 깠다. 한국보다 두세 배 큰 마늘을 갈아서 채소와 섞은 샐러드는 내가 아주 좋아하는 메뉴다. 오후 휴식 시간과 저녁 식사 후에는 디저트로 케이크를 먹었다. 달콤했다. 생활이 단순해지니 먹는 것이 차지하는 비중이 더욱 커진다. 저녁 식사 후 8시부터는 크리스마스 전 4주간을 뜻하는 '대림절'에 대한 강의가 있었다. 알아듣지 못하는 그 시간이 힘들었다.

잠자리의 일기

잠자기 전 침대에 앉아 일기를 쓰고 있다. 손에서는 마늘 냄새가 난다. 여러 마음이 오간다. '섣부른 판단은 하지 말자. 내가 모르는 세계에 대해 존중하자. 충분히 경험하고 관찰하자. 그게 먼저다.'

해보고 싶은 일이 고개를 든다. 마돈나하우스의 이야기를 글로 써볼까? 여기 몇 사람을 인터뷰하며 녹음하자. 이런 생각을 하니 조금 기운이 돈다. 영어 못한다고 기죽지 말자. 내가 할 수 있는 만큼만 하자. 느끼고 만나고 경험하기 위한 시간이다. 그래, 요 며칠 처음 본 것을 일기에 적어볼까?

눈 내리는 호숫가. 흩날리는 눈발. 가로등에 비치는 눈보라. 해 질 녘 서늘하게 푸른빛 감도는 눈밭. 가로등에 비쳐 반짝반짝 빛나는 눈의 결정체. 뽀드득거리는 내 발소리. 길가의 통학버스. 간간이 마주치는 사람들의 눈인사, 손 인사. 사무실에서 나직나직 통화하는 소리. 누군가 사무실 문을 열고 들어올 때의 차가운 바깥바람. 잠자기 전 여자들의 까르르 수다 소리.

아하, 그러고 보니 오늘 마돈나하우스를 떠난 마르가리타가 작은 카드를 주고 갔지.

.

은경. 너를 만난 건 멋진 축복이었어. 너의 친절과 인내심에 감사해. 이곳에서의 시간이 좋은 경험이 되기를, 그리고 하느님의 축복과 함께 충만하기를.

울컥 목이 멘다. 열흘 남짓 함께 지냈던 마르가리타가 따뜻한 응원의 선물을 준 것이다. '마르가리타, 고마워. 너의 기도처럼 이 시간이 내 인생의 축복이 되기를, 너에게도 같은 시간이 되기를 기도할게.' 침대에 누워 두 손을 모았다. 깊고 고요한 밤이었다.

뿌스띠니아에서 완벽한
고요를 만나다

11월 23일 금요일, 15일째. 드디어 뿌스띠니아에 들어가는 날. 하루 일정을 마치고 저녁 8시부터 24시간 동안 혼자만의 시간이 허락되었다. 뿌스띠니아는 러시아정교회 전통의 기도실. 24시간 동안 기도하고 명상하며 오롯이 하느님을 만나는 장소다. 두 평 남짓한 통나무집. 문을 열고 찬찬히 둘러보았다. 침대, 책상 위에 스탠드와 『성경』, 벽에는 마리아상, 세숫대야와 물통, 전기포트, 심지어 요강도 있다.

뿌스띠니아는 어떤 곳인가

뿌스띠니아에 들어오기 전 캐서린 도허티의 책 『사막의 영성 뿌스띠니아』를 읽어보았다.

'뿌스띠니아'란 러시아어로 '사막'이라는 뜻의 일반명사입니다. 동시에 또 하나의 뜻이 있습니다. 뿌스띠니아는 과거의 선지자들이 모든 것을 버리고 떠나 은둔하던 장소를 말합니다. 즉 모든 사람이 자기 안의 하느님을 만나기 위해 찾아가는 곳, 혼자 있을 수 있는 조용한 곳이죠. 현대인이 자신의 진실과 우리를 창조하신 하느님의 진실을 깨닫는 방법은 오직 침묵, 홀로 있기입니다. 즉 마음속의 사막을 만나는 것입니다.
뿌스띠니아에 들어간다는 것은 하느님 말씀을 듣겠다. 다시 말해 '케노시스' 즉 자기 자신을 비운다는 것입니다.

캐나다와 미국에 뿌스띠니아를 정착시키는 것을 평생의 소명으로 삼았던 캐서린 도허티. 그는 사막(뿌스띠니아)에 들어가는 이유를 이렇게 얘기한다.

단식합니다. 침묵 속에서 삽니다. 기도합니다. 자신을 죽이고 자기 안의 주님을 발견합니다. 하느님을 갈망하는 세상 사람들에게 하느님을 나누어줍니다. 자신과 이웃의 죄를 속죄합니다. 인류와 평화를 위해 기도합니다. 말과 행동으로 그리스도를 사랑하는 성인이 됩니다. 그리스도를 닮아갑니다. 자신과 이웃의 영혼을 구제합니다. 하느님께 완전히 복종합니다.

요약하면 뿌스띠니아에서는 침묵 속에서 기도하며 내 안의 주님을 발견한다. 다른 사람을 위해 기도한다는 것. 그렇다고 뿌스띠니아가 엄숙하기만 한 곳은 아니다.

편안하게 쉴 수 있다는 것은 일종의 예술입니다. 하느님 앞에서는 그냥 자신이 되면 됩니다. 자고 싶으면 자고 걷고 싶으면 걷습니다. 너무 지쳐 아무것도 할 수 없을 때 주님의 품 안에서 잠을 자는 것도 좋은 생각입니다. 잠을 선물로 주셨으니 기왕이면 좋은 꿈도 꾸게 해달라 기도할 수도 있습니다.
다만 처음 뿌스띠니아를 경험하는 사람들에게 가장 중요한 것은 바로 지성의 날개를 접는 일입니다. 지성의 문을 닫고 마음의 문을 여십시오.

주님의 품 안에서 편안하게 쉬는 것도 예술이라는 말이 얼마나 위로가 되던지. 밤 9시, 체조로 몸을 풀어준 다음 잠부터 자기로 했다. 그만큼 지쳐 있었다. 잠도 하느님과 함께하면 기도라 하지 않았던가. 그런데 너무 추웠다. 영하 15도 날씨에 난방 도구는 작은 코일 전기난로뿐. 내 야크 털 숄을 침대 위에 깔고, 양말을 신고 폴라텍 재킷도 입고 누웠다. 12시, 1시, 2시……. 온갖 상념이 떠올라 토막잠을 잤다. 그런데 점점 큰 소리가 들렸다. 난생처음 들어본 소리였다.

고요함의 소리가 이토록 크다니

완벽한 고요. 소리 없음이 얼마나 큰 소리를 내는지 들어봤는가? 귀 가득히 절대적인 고요함이 들린다. 모든 살아 있는 존재에게는 소리가 있다. 그런데 이토록 소리 없음도 있구나. 우리가 함께 있을 때는 소리만 들리는데. 나의 소리, 그의 소리, 우리의 소리. 이렇게 나의 소리 없음, 그의 소리 없음, 우리의 소리 없음이 공존하고 있구나. 『성경』의 「창세기」에서는 '소리'에 대해 어떻게 설명하고 있을까? 다른 종교는? 소리에 대해 처음 생각해본다.

잠을 자다가 문을 열고 밖을 내다본다. 하얀 설경 위

로 쏟아지는 빛발. 달빛, 별빛에 눈꽃이 반사되어 반짝거린다. 고요하고 깨끗한 아름다움에 눈물이 난다.

불빛 한 점 없이 완벽하게 깜깜한 밤. 천지가 이렇게 반짝반짝 빛이 나다니. 보름달. 하늘에 쏟아질 듯 강렬한 빛을 내뿜는 별들, 그 빛에 반사된 눈꽃. 그 결정체가 뿜어내는 반짝임. 홀린 듯 바라보다 얼음 같은 바람에 정신이 번쩍 든다. 너무 추워 눈물이 난다. 문을 닫는다. 다시 이불을 끌어당겨 잠을 청한다.

설핏 잠들었는데 어두운 그림자가 문을 열고 들어오는 것 같다. 구체적인 영상이 떠오를 만큼 선명하다. 외마디 비명을 지르려 해도 입에서는 아무 소리도 나지 않는다. 몸을 움직이려 해도 말을 듣지 않는다. 혼신을 다해 몸을 일으켜 불을 켜고 시계를 보니 새벽 3시. 두려운 마음을 치워버린다. 이 상황이 약간 웃기기도 하다. "혹시 당신이 무서운 귀신이더라도 그냥 가세요. 나 여기서 잘 있고 싶어요. 도와주세요." 기도가 통했나? 오전 9시까지 푹 잤다, 코끝은 얼어붙었어도.

너무 많이 잤나? 하느님께 좀 미안하다. 전기포트에 물을 끓여 족욕하고 세수하고, 아침 식사도 했다. 사막의 단순함을 명상하는 뿌스띠니아에서는 빵과 물만 먹어야 한다. 단순함과 고요함을 방해하는 것은 허용되지 않는다. 하지만 허기질까 걱정되어 대책을 세웠다. 한국에서 가져간 선식가루에 설탕과 물을 부어 되직한 죽을 만든 다음 잼처럼 빵에 발라 먹었다. 몸이 약해 이러지 않으면 하루를 버티기도 힘들 것 같아서. 곡물가루를 잼처럼 만드는 것은 마돈나하우스의 금요일 절식에서 배운 것이다. 콩가루에 마늘, 마요네즈, 설탕 등을 섞어 빵에 발라먹는 것을 봤기 때문이다. 색깔이 좀 이상하기는 해도 마른 빵만 먹는 것보다는 부드럽다.

식사를 마치고 창가에 피어난 얼음꽃을 바라본다. 창가에 낀 수증기가 만든 얼음잎사귀들의 곡선은 경탄을 자아낸다. 고드름, 성에로 얼어붙은 창밖을 바라본다. 영화 〈닥터 지바고〉의 주인공이 된 것 같다. 마음에 하나의 질문이 떠오른다.

나에게 일은 무엇이었나

나는 사회적 명성과 부, 지위를 좇아 살지 않았다. 뜨거운 열정을 쏟으며 즐겁게 하고 싶은 일, 해야 할 일, 할 수 있는 일을 찾아 해왔다. "직업은 당신의 진정한 기쁨과 세상의 깊은 허기가 서로 만나는 장소"라는 프레드릭

뷰크너Frederick Buechner의 말을 좋아한다. 나에게 일은 사람과 세상을 사랑하는 방식이었다.

그런데 새로운 목소리가 들린다. "낮추라. 몸을 더 낮추라." 보름 넘게 마돈나하우스에서 설거지, 우표 붙이기, 양말 개기 등 단순노동을 하며 마음, 특히 머리가 편안했다. 동시에 다른 목소리가 내 안에서 들려왔다. 내가 이런 단순한 일을 하려고 캐나다까지 왔나? 이 생각을 떨칠 수가 없었다. 영어가 능숙하고 돈이 넉넉했다면 많은 곳을 여행하고 여러 강의를 찾아 들으며 지적 호기심을 채우고 사회활동에 참여하는 데 시간을 더 썼을 것이다.

나 역시 자본주의 사회에서 가치 있는 노동이라고 평가하는 것에 높은 기준을 두고 살았던 건 아닐까? 모든 노동하는 인간은 평등하고 존엄하다고 생각했다. 하지만 사실은 나 역시 돈을 더 많이 벌고 사회적으로 더 높이 인정받는 노동에 의미를 더 부여한 건 아닐까? '내가 이런 거 하러 왔나' 할 때의 '이런 거'가 진짜 소중하다고 생각했다면 왜 나는 단순한 노동을 하면 안 되지? 단순한 노동은 폄하해야 하는 노동인가? 아주 단순하고 내가 좋아하지 않는 노동이라 하더라도, 그것을 소홀히 해서는 안 되는구나. 내게 닥친 상황이라면 무엇이든 기꺼이 소중하게 받아들이고 성심을 다해야 한다. 결국 진리는 너무도 단순하다.

동시에 다른 질문이 고개를 든다. '사람들의 박수와 사랑을 받고 싶은 욕구조차 내려놓아야 하는가?' 에이브러햄 매슬로Abraham Maslow의 『존재의 심리학』(문예출판사, 2005)에 따르면 인정욕구는 인간의 기본욕구다. 그런데 더 깊고 깊은 욕구deep desire 앞에 행위doing와 존재being, 이것은 어떻게 자리매김을 해야 하나? 몸이 약해 방송 일을 접고 캐나다에 와서 나를 가장 많이 지배한 고민이 있었다. '체력 때문에 방송 다큐멘터리 작가 일을 그만둔다면, 앞으로 어떤 일을 하며 어떤 인생을 살 것인가?'

어렴풋하게 답이 떠오른다. 무엇을 하든 영혼을 잃지 말자. 영적으로 성숙하는 삶을 살자. 열정을 다해 일할 분야가 아니면 선택하지 않는다. 일하기 위해 서둘러 나서지 않겠다.

하느님의 완벽한 선물

노트에 일기를 쓰다가 오후 2시경 산책을 나갔다. 이가 시릴 만큼 춥다. 마돈나하우스를 끼고 흐르는 마다와스카강은 하늘이 내려준 하얀 눈으로 투명한 수채화를 그리고 있다. 물의 깊이에 따라 얼음이 꽝꽝 얼거나 살포시 언 곳, 찰랑거리며 흐르는 강물이 어우러진다. 이 강에 얼마나 다채로운 그림이 살아 있는지 경이롭다. 각각의 무늬가 모여 광활한 물가를 그려낸다. 꽁꽁 언 강 위에 눈이 쌓이고 그 위에 다시 바람이 날리니 새털이 흩날리다 얼어붙은 형상이다. 각각의 수심이 빚어내는 자연의 곡선, 그 아름다움에 넋을 잃고 바라보며 생각한다.

'왜 여기 마돈나하우스에 있는가?' 질문에 대한 대답은 오늘 뿌스띠니아에서 분명하게 들었다. '이 깊고 큰 고요함, 적막한 소리를 듣기 위해서였구나.' 지금까지 나에게는 완벽한 소리 없음을 경청할 기회가 없었다. 이 소리 없음에서 마돈나하우스 사람들이 찾는 것은 하느님의 소리일 텐데. 나는 이 절대적인 고요함 속에서 다시 한번 내 안의 깊은 소리를 들을 수 있었다.

오늘 뿌스띠니아는 하느님의 완벽한 선물이었다.

송곳은
어디에나 있다

하느님은 선물과 함께 시험도 주셨다. 여자 게스트 숙소 화장실 쓰레기 청소 당번으로 함께 배정된 리나(가명) 때문이었다. 아침 미사에 늦지 않으려고 눈썹 날리듯 서둘러 화장실 휴지통을 비우는데, 옆에서 휴지통 안을 신문지로 이렇게 감싸라, 저렇게 해라, 속사포처럼 잔소리를 했다. 천천히 말해도 못 알아듣는데 도대체 무슨 소리지? '그래, 너 영어 잘한다.' 속으로 욕을 했다.

며칠 전 메인하우스의 현관에서도 그는 내 속을 긁었다. 신발장에 잘못 놓인 신발을 가리키며 말했다. "이거 네가 이렇게 놓았니?" 뭐든 잘못된 일이 있으면 거듭 나를 지목해 확인했다. 그 차갑고 딱딱한 얼굴로. 그때마다 나는 '아니'라고 답하다 보니 화가 쌓였다.

나를 거듭 지목해 따졌던 사람

11월 26일 월요일, 18일째. 이번 주에도 리나와 당번이 되었다. 숙소에서 게스트들이 사용한 컵을 아침에 부엌에 가져가서 씻고, 저녁에 챙겨 와야 했다. 그런데 그는 또다시 내 심기를 건드렸다. 서둘러 나갈 준비를 하고 있는데 "이 빵 도마, 네가 가져왔니?"라고 물었다. 나도 모르게 소리가 커졌다. "아니! 너 나한테 왜 그래?" 리나가 말했다. "네가 마지막으로 뿌스띠니아에 다녀왔으니까."

"뭐? 빵 도마가 뿌스띠니아에만 있니? 메인하우스 주방에도 많은데, 왜 그걸 내가 갖고 왔다고 생각해? 왜 무슨 일이 있을 때마다 나에게 심문하듯 따지는 거야?"라고 말하고 싶었다. 하지만 입이 떨어지지 않았다. 영어로 뭐라고 하지? 아침 미사에 가는 길. 그와 걸어가며 한참 고민해 영어 문장을 만들어 말했다. 너의 태도 때문에 기분 나쁘다고. 그런데 그는 말을 딱 잘랐다. "은경, 니가 무슨 말 하는지 못 알아듣겠어." 으윽, 부르르 화가 났다.

그런데 오늘 오전 나에게 배치된 작업 장소는 걸어서

10분 거리의 세인트 메리다. 잔은 내가 어느 방으로 가야 하는지 리나가 일러줄 거라며 그와 함께 가라고 했다. 리나와 함께 가라고? 싫지만 어쩔 수 없었다.

리나는 미국 보스턴에서 온 40대 백인 여성. 나와 거의 동년배였다. 그래서 잔이 나를 그녀와 함께 짝지어준 건가? 깡마르고 짧은 단발 곱슬머리에 키가 나보다 좀 작은 리나. 치아 교정기와 금테 안경 탓인지 날카로운 인상에 마돈나하우스에서는 드물게 일할 때도 점퍼스커트를 즐겨 입었다.

걸어가며 생각했다. '내 마음을 내가 풀어야지 어쩌겠나.' 이럴 때 가장 좋은 대화 소재는 음식 아닌가. 음식 만드는 거 좋아하냐, 무슨 음식 잘하냐, 서로 얘기하다 내가 "남편이 음식을 잘한다"고 답하니, 리나가 "아이가 있어?" 하고 물었다. 기다렸다는 듯 "그건 사적인 질문이야"라고 쏘아붙였다. 이곳에서는 상대가 먼저 공개하지 않는 개인사를 질문하는 건 실례라고 강조하기 때문이었다. 그의 얼굴에 무안한 빛이 살짝 돌았다. 오, 예! 리나에게 한 방 먹인 것 같아 시원했다. 하지만 금세 찜찜한 마음이 밀려왔다. 사랑, 용서, 기도가 가득한 이곳에서 이런 작은 승리에 기뻐하다니.

공동체 안에서는 작은 일이 중요하다

그날 저녁 나의 영적 상담자 키에렌 신부님에게 고민을 털어놓았다. "리나 때문에 힘들어요. 이런 작은 일로 속상해하는 내가 싫어요."

신부님이 조언했다. "공동체 안에서는 작은 일이 중요하지요. 그녀에게 직접 얘기해보면 어떨까요? '너는 나의 보스가 아니다. 동시에 두 가지 일을 못 하니, 천천히 말해달라'고." 하우스 마더 잔과 상의해보라는 말도 덧붙였다. 신부님과 이야기 나눈 것만으로도 마음이 조금 가벼워졌다.

다음 날 아침, 잔에게 저녁 면담을 신청했다. 그런데 그날 아침 미사 시간이었다. 무릎을 꿇고 두 손 모아 기도하는 리나가 눈에 들어왔다. 그 모습이 얼마나 엄숙하고 경건해 보이던지. '평소에는 쌀쌀하게 나를 구박하면서, 참 가증스럽네.' 동시에 다른 마음이 올라왔다.

'그래, 너도 나와 똑같은 가련한 중생. 아픔이 있고 영혼의 휴식이 필요해 이곳에 왔겠지. 내가 너를 위해 기도해볼까? 언젠가 너의 태도가 달라지는 날이 오기를.' 갑자기 왜 이런 마음이 들었을까? 리나가 기도하는 모습에 감동해서? 그가 나를 괴롭힌 게 아주 작은 일이어서? 아니면 이곳의 단순하고 영적인 생활 덕분이었을까?

그날 밤 면담 시간에 잔에게 리나 때문에 힘들었다고 말했다. 뜻밖에도 잔은 깊은 공감을 표현했다. "은경에게만 그러는 게 아니에요. 무엇이든 바로잡아야 한다고 여기며, 이 사람 저 사람에게 간섭하는 것, 그게 리나의 약점이에요."

단점이 아닌 약점으로 본다는 것

잔의 이야기는 나에게 작은 울림을 주었다. 잔은 '단점'이라 말하지 않았다. "그게 리나의 약점이에요." 상대의 문제라고 느낀 점을 약점이라 보는 것과 단점이라 보는 것에는 큰 차이가 있었다. 단점은 그 자체로 뭔가 고정된, 부정적인 느낌을 주는 말이다. 그러나 약점은 내가 감싸줄 수도 있고, 조금씩 변할 가능성이 있는 열린 단어였다. 작지만 큰 발견이었다.

"너 때문에 기분 나쁘다고 그와 직접 대화해볼까요?"라고 물었다. 잔은 "좋은 방법이 아닌 것 같아요"라고 답했다. 잔 역시 마돈나하우스에서 비슷한 경험이 있었다. 사사건건 자신에게 트집 잡는 사람. 그런데 어느 날 자신이 그를 대하는 마음을 바꾸고 나니까 그의 태도도 달라졌다고 했다. 얼핏 판에 박힌 조언일 수 있지만, 와닿는 게 있었다. 오늘 아침 채플에서 내가 느꼈던 건 그에 대한 긍휼의 마음 비슷한 것이었을까? '리나를 위해 기도해 보겠다'고 말하니 잔의 동그란 안경 너머 똘똘한 눈에 웃음이 번졌다.

잔과 얘기하는 동안에도 리나는 나에게 빨리 나오라고 몇 번이나 재촉했다. 이번 주는 리나와 게스트 숙소 당번이라 저녁 식사가 끝난 후 팝콘을 튀겨야 했기 때문이다. 그래, 자세를 바꾸자. 그의 약점을 인정하고 받아들이자. 언젠가 그도 변할 날이 있겠지. 흐음. 단전에 힘을 줘 깊게 숨을 들이마신 후 그에게 다가갔다. 일부러 크게 웃고 떠들며 그가 하자는 대로 하면서 기분을 '업'시켰다. 이런 태도로 주방에서 함께 팝콘을 만드니 그의 잔소리가 한결 들을 만했다.

하루이틀 시간이 흘렀다. 영하 17도의 추위가 이어졌다. 햇살이 비치며 푸른 하늘이 나타나면 마음도 깨끗해졌다. 하지만 오후 3시가 넘어 해가 지기 시작하면, 뼛속까지 추위가 몰려왔다.

내가 그를 위해 기도하리라

아침 미사 시간에 성가를 함께 부르며 생각했다. 사람과의 갈등은 세상 어디에나 있다. 한국의 일터나 가정, 심지어 좋은 친구 사이에서도, 멀리 캐나다의 영성 공동체 마돈나하우스에서도 겪기 마련이다. 아니, 살아 있는 한 피할 수 없다. 중요한 건 내가 그 갈등을 어떤 태도로 만나느냐 아닐까?

지금 여기, 내 삶의 주인은 나다. 마돈나하우스의 손님이고 이들에게 수동적으로 받기만 하는 존재라고 생각하면 나는 계속 그런 사람이 될 것이다. 내가 그를 품어 보자. 세상의 '메이저'처럼 보이는 사람도 때로는 외롭고 사랑받고 싶은 연약한 중생이다. 게다가 나는 '마이너'가 아니다. 영어를 못하고 몸이 좀 약할 뿐이다. 그게 뭐 어떻다는 말인가? 여기는 하느님의 사랑을 실현하는 사람들의 공동체, 마돈나하우스 아닌가?

'내가 그를 위해 기도하자, 내가 하느님의 사랑이고, 부처의 자비다.' 그날부터 나는 더 많이 웃었다. 내 좁은 자아의 한 조각을 내버린 홀가분함 덕분이었다.

단조로운 일상,
때로는 외롭지만

　11월 25일 일요일, 아침 미사 후 아침 겸 점심 식사를 마친 다음, 청바지와 스웨터로 갈아입었다. 작업 공방이 모여 있는 세인트 라파엘에 게스트들이 모였다. 크리스마스 장식을 준비하기 위해 소나무 가지를 크기별로 모으는 일을 했다. 가뜩이나 몸도 힘든데 일요일에도 일을 해야 하나? 초과근무 아닌가? 속으로 조금 투덜거렸다. 일을 끝내고 2시 30분쯤 숲속 언덕길을 올라갔다. 한국인 게스트 은수 씨와 함께하는 산책. 한참을 걷다 오른쪽 길로 접어드니 눈 덮인 평지에 외딴집이 보였다.

　마돈나하우스 근처에 이렇게 예쁜 집이 있구나 하는

순간, 사자처럼 큰 개가 무섭게 짖으며 달려왔다. 엄마야. 후덜덜. 심장이 얼어붙었다.

웃음과 수다는 피로 퇴치 약

"으악, 저리 가." 있는 힘을 다해 소리를 질렀다. 내 비명을 들었는지 주인이 달려오며 개를 불렀다. 겨우 위기는 면했다. 이 멀리 캐나다 하고도 마돈나하우스까지 와서 개에 물린다면, 개도 웃을 일 아닌가. 가슴을 쓸어내리며 카르멜 힐 Carmel Hill 정상에 도착했다. 앞이 툭 트여 멀리까지 내려다보였다. 조금 전 공포심을 내보내려 깊은숨을 쉬었다. 마음을 진정시켰다. '그래. 그 개가 나를 물려고 한 건 아닐 거야.'

눈밭을 더 걷고 싶었지만, 발목까지 푹푹 빠져 더 이상 나아갈 수가 없었다. 오후 3시 40분쯤 가던 길을 돌아 내려왔다. 저녁 미사 시간에 맞춰 가려면 옷도 갈아입어야 하는데 눈길이 미끄러웠다. 세인트 조지프에서 1달러에 산 부츠가 헐떡거렸다. 발이 아팠다. 차가 워낙 뜸한 데다 대부분 마돈나하우스 스태프가 오가는 길. 힘들게 내려오는데 마침 차가 한 대 지나갔다. 힘껏 손을 흔들어 차를 세웠다. 로버트 신부님이다. 3주일 전 처음 마돈나하우스에 도착한 날 저녁, 메인하우스 입구 반지하 로비에서 모차르트 피아노 소나타를 연주했던 분. 이후에도 그가 베토벤 피아노 소나타를 연주하는 모습을 자주 보았다. 어릴 적부터 피아노를 쳤다고 했다.

다시 옷을 갈아입고 일요일 저녁 미사를 드리는 세인트 메리로 걸어가는데, 젊은 게스트 앤젤리나가 저 앞에 있다. "앤젤리나!" 그녀를 큰 소리로 불러 수다를 떨며 걸으니, 없던 힘이 다시 생기는 것 같다. 확실히 웃음과 수다는 피로 퇴치 약이다.

양말 개고 다림질하고

11월 27일 화요일, 어제 내린 눈이 소복하게 쌓였다. 발이 푹푹 빠지는데, 오후 내내 눈이 또 내린다. 오늘 배치받은 일터는 세탁실. 세탁실이 좋다. 탈수기에서 금방 나온 침대 시트나 수건을 갤 때 그 감촉이 포근하다. 양말 개는 일도 재미있다. 제각기 널려 있는 양말 모양으로 짝을 찾아 이름표를 확인하고 갤 때는 카드 게임을 하는 것 같다.

그런데 세탁실 책임자 버너뎃이 다림질을 하라고 한다. 집에서도 싫어하던 일 중 하나가 다림질인데. 미사 때 신부님들이 제단에서 사용하는 하얀 리넨을 두 시간쯤 다리고 나니 이번에는 와이셔츠를 내준다. 다리미가 너무 무거워 팔도 어깨도 아프다. "나 다림질 못해요." 버나뎃은 포기하지 않는다. "가르쳐줄게요" 하며 시범을 보인다. 하는 수 없이 와이셔츠 하나를 다렸다. 팔이 후들거렸다. 그가 딱하다는 듯 나를 바라보고는 수건과 침대 시트 개는 일로 바꿔준다. 이렇게 몸이 힘들 때는 자유로운 시간이 그립다.

오늘은 힘 빠지는 일이 하나 더 있었다. 잔에게 물었다. "어제 키에렌 신부님이 1주일에 한 번 뿌스띠니아에 가는 걸 허락했어요. 이번 주에도 갈 수 있겠지요?" 잔은 "정식 스태프는 1주일에 한 번 가능하지만, 게스트는 2주일에 한 번만 갈 수 있어요"라고 대답했다. 세상에, 매주 한 번 뿌스띠니아에 갈 수 있다면 계획대로 7주를 잘 버틸 수 있을 거라고 생각했는데. 완전 실망이네.

소소한 즐거움, 고마운 사람들

11월 28일 수요일, 오전에는 신부님의 강론을, 저녁 식사 후에는 세인트 라파엘에서 게스트들과 함께 대림절에 대한 설명을 들었다. 처음 왔을 때보다 잘 들려서 기분이 좋았다.

저녁 미사 때는 기도에 좀 더 몰입하기 위해 고전적인 방법을 선택했다. 마돈나하우스 사람들이 하듯이. 두 손을 모으고 무릎을 꿇었다. 머리도 바닥에 조아렸다. 어떤 이들은 완전히 바닥에 엎드려 기도한다. 형식은 내용을 규정한다. 티베트 불교 사원, 파키스탄 이슬람 사원을 여행할 때 보았던 모습과 비슷하다. 기도하는 모습에는 동서양 종교를 초월해 공통점이 있다.

11월 29일 목요일, 오늘도 영하 17도. 어젯밤은 더 추웠다. 양말을 신고, 폴라 재킷을 껴입고 잤다. 담요에 이불에 겹겹이 덮고 자는데도 밤새 이불 양쪽에서 찬바람이 솔솔 들어온다. 잠을 설쳤다. 새벽 6시 45분, '띠띠' 자명종이 울린다. 이불과 담요가 많은 만큼 침대 정리에도 남보다 시간이 많이 걸린다. 옆자리의 카타리나가 나를 딱하다는 듯이 바라본다. 체코 출신의 그는 나보다 더 작고 말랐지만 이불 한 장만 덮고 잔다.

그래도 문을 열고 밖으로 나가면 몸이 활짝 깨어난다. 하얀 눈 세상이다. 눈이 그대로 나무에 얼어붙어 빙설 작품을 만들어낸다. 아침 미사 드리러 가는 길. 하루가 시작되는 이 길은 매일매일 다른 색채의 생생한 그림을 선물한다. 아, 감사합니다.

목요일은 점심 식사 후 자유시간이다. 한국인 게스트들과 벼르고 벼르던 냉동새우를 먹기로 했다. 이곳에서는 식자재를 농장에서 주로 자급자족하기 때문에 해산물을 먹을 기회가 드물다. 지연 씨, 은수 씨와 1층 주방 구석에서 스파게티를 만드는데 마음이 급해 두서가 없다. 소스는 만들었는데 면이 익는 15분을 기다릴 여유가 없다. 김치, 김, 고추장을 먹다가, 면을 삶고 토마토소스에 새우를 넣고 요리한 다음 스파게티를 먹었다. 셋이 냉동새우 한 봉지를 거의 거덜냈는데 뭘 먹었는지 잘 모르겠다. 이렇게 한바탕 난리를 치며 배를 채운 다음 혼자 산책을 했다.

눈이 내린다. 살포시 얼음이 언 강가에 다시 눈이 내린다. 마돈나하우스에 이 호수 같은 강이 없었다면 어땠을까? 강은 정말 좋은 마음붙이 친구다. 강가를 지나 언덕길을 올라갈 때는 배도 뜨뜻하고 걸을 만했는데, 오후 4시가 되니 갑자기 어둑하고 바람이 세다. 바람 소리도 황량하다. 다시 걸어 내려오는데, 너무 춥다. 손도 발도 다 얼어붙어 감각이 없어질 무렵, 이번에도 누군가 차를 태워준다.

저녁 미사 시간. 오늘 하루 이렇게 충실하게 보낼 수 있다는 게 얼마나 고마운지. 단순한 생활이 지루하고 힘들 때도 있지만, 마음은 더없이 평화롭다. 그런데 여기서 얼마나 더 지낼 수 있을지 자신이 없다.

스파게티도 든든히 먹었겠다, 저녁 식사는 건너뛰기로 했다. 대신 오늘은 한국에 있는 친구와 수다를 떨어야지. 1층 공중전화 부스에서 혜영에게 전화를 했다. 이곳 일과를 간단히 설명하고, 잔소리하는 리나 때문에 힘들었던 일과 단순한 일을 하면서 가끔 '내가 뭐 하고 있나' 싶다고 털어놓았다. 혜영은 나를 응원했다. "그게 '이 뭐꼬' 명상이야, 소중한 체험이야." 역시 수다가 최고다.

11월 30일 금요일, 오늘 아침에도 눈이 내린다. 새벽 6시 45분. 일찍 기상하는 데 어느 정도 적응이 되었다. 하지만 마음 상하는 일이 있었다. 아침 식사 때 작은 도서실에 있는 작은 사과를 먹으려고 주방에서 과일칼을 가지고 나오는데 스태프가 한마디 했다. "하우스 마더에게 허락받았어요?" 사과 한 알 먹는 것도 허락받아야 하나? 알고 보니 작은 도서실에 놓인 사과는 아픈 사람들을 위한 특별 음식. 나도 변비 때문에 아침에 사과를 꼭 먹어야 한다고 양해를 구했다.

폴 신부님의 사랑니 진단

잇몸이 부어올라 아팠다. 어젯밤에 먹은 콘칩이 사랑니에 박힌 것이다. 치과의사 출신인 폴 신부님이 이곳 사람들의 치아 건강을 책임진다고 했던 말이 기억났다. 잔에게 폴 신부님을 만날 수 있느냐고 물었다. 저녁 식사 후 폴 신부님이 나를 3층 사무실로 불렀다. 주은 씨가 따라와 통역을 해주었다. 신부님이 전기 플래시로 내 입을 들여다보며 이를 만져봤다. 다행히 나쁘지 않다며 한국에 돌아가면 사랑니를 빼라고 했다.

외국에 오래 체류해보니, 치아 건강이 문제였다. 한국에서는 문제가 있으면 처치와 치료를 금방 할 수 있는데. 캐나다는 치과 치료비가 무척 비싸다고 들었다. 내가 가입한 여행자보험의 보장 항목에 치과 진료비가 포함되는지도 확인한 적이 없어 걱정스러웠다. 문득 밀려오는 외로움도 만만치 않았다.

아침 미사가 끝나면 몇몇이 인사를 하고는 자기들끼리 이야기하며 걸어간다. 이럴 때는 문득 쓸쓸해진다. 내 마음을 읽었나? 저녁 미사를 드리고 나오는데 나이 지긋한 여자 스태프가 나에게 말을 건넨다, 세탁실에서 일하는 버너뎃도. 외로울 때는 무심한 듯 나누는 작은 대화도 힘이 된다.

저녁 식사가 끝나고 다이닝 홀에서 누군가와 이야기하고 싶었다. 사무실에서 일하는 메리에게 다가가 이야기를 나누었다.

50대 후반으로 보이는 메리. 그는 1985년에 처음 마돈나하우스에 와서 3주 동안 게스트로 있었다. 그 후 1987년에 다시 와서 2년 동안 게스트와 수련생 기간을 차례로 거쳤다. 종신서원을 한 후 워싱턴과 애리조나 필드하우스에서 일했다. 1999년에 다시 마돈나하우스 본부로 돌아와 3년 동안 하우스 마더를, 3년 동안 수련생을 지도하는 일을 맡았다. 최근 2년은 사무실에서 일하고 있다. 마돈나하우스를 선택한 특별한 이유가 있느냐고 물었다.

"남녀가 함께 생활하는 공동체고 위계 서열이 유연해서 좋았어요." 가톨릭 공동체는 대부분 사제 공동체이거나 수녀원인데, 당시의 부정적인 시선에도 불구하고 캐서린 도허티는 어떻게 남녀가 함께 생활하는 공동체를 만들었을까? 새로운 질문이 떠올랐다.

메리는 이곳의 좋은 점으로 '무엇을 해야 할까' 고민하지 않아도 된다는 점을 꼽는다. 나도 공감한다. 이곳에서 지내며 깨달았다. 한국을 떠나 몬트리올에서 지냈던 세 달 동안 하루하루 얼마나 긴장하고 있었는지. 금쪽같은 돈과 시간을 잘 사용해야 한다, 다시 없을 화려한 휴가를 잘 보내야 한다는 부담감에 짓눌려 있었다.

메리가 덧붙인다. "만약 도시에서 결혼해 살았다면, 아이를 키우며 이 일 저 일 하느라 분주했을 거예요. 하지만 이곳에서는 내 영혼을 누리며 살고 있어요. 멋진 남녀 친구들도 많지요." 영혼이 통하는 친구들과 원하는 삶을 살고 있다고 말하는 메리의 눈빛이 촉촉하다.

다음 날도 눈이 펑펑 내린다. 사무실에서 우표를 붙이며 보는 예쁜 창문. 창밖의 하염없는 눈보라를 초점 없는 눈으로 바라본다. 바람이 거세다. 흩날리는 눈송이가 큼지막한 솜털 같다.

그래. 처음에는 호기심에 모든 것이 새롭고 신기하다. 하지만 시간이 흐르고 일상이 반복되면 처음의 마음을 유지하기 어렵다. 그것은 사람이든 장소든 마찬가지다. 그러나 그 단조로운 일상에서도 작은 사건, 외로움, 고마움, 위로와 만남이 있다.

한국에 돌아가면 이 시간이 무척 그립겠지? 기를 쓰며 열심히 지낼 것도 없고, 이럴까 저럴까 갈등할 것도 없다. 하루하루 감사하며 머리도 마음도 단순하게 살아보자. 그날 밤 일기에 이렇게 적었다.

　흩날리는 눈송이
　흔들리는 촛불
　가로세로 부는 바람
　그것을 바라보는 나

"은경,
나가는 게 좋겠어요"

 12월 2일 일요일, 한국 게스트들과 컵라면 먹는 문제로 종일 신경 써야 했다. 잔이 며칠 동안 휴가라서 의사소통이 더욱 꼬였다. 메인하우스 디렉터 캐시에게 면담을 요청했다. 요리가 아니라 물만 부으면 된다고 설득했다. 매듭을 짓고 일어나려는데 그가 뜻밖의 이야기를 했다.

 "은경, 몸이 너무 약한 것 같아요. 마돈나하우스에서 건강이 나빠지는 게스트가 종종 있는데, 나가는 것이 어떨까요?" 깜짝 놀랐다. 몸이 힘들어 갈등은 했다. 하지만 가능한 만큼 이곳 생활을 즐기자 하고 마음먹었는데. "처음에는 힘들었지만, 지금은 견딜 만해요." 나의 대답에 그

동안 내가 오후 시간에 일을 못 하고 두 차례 쉬었던 것을 문제 삼았다. "아프면 쉴 수 있다고 들었는데요?" "맞아요. 감기 몸살로 열이 펄펄 나거나 눈에 띄게 아프면 쉴 수 있지요. 하지만 은경처럼 몸이 약해서 일상적으로 휴식이 필요한 사람은 여기서 생활하기 어려워요."

부드럽지만 단호했다. 1주일 후에 다시 이야기하기로 하고 자리에서 일어났다. 기분이 나빴다. 내 발로 나가고 싶을 때 떠나는 것과 누군가 나가라 해서 떠나는 것은 다르다. 이 얘기를 들은 한국인 게스트들도 무척 놀랐다. 그런데 내가 그녀의 입장이고 게스트를 관리해야 하는 위치라면 그럴 법도 했다. 마음 편히 받아들이자. 앞으로 남은 4주일을 억지로 채우려 하지 말자. 뭐든지 OK, 이만하면 충분하고 고맙다. 그날그날 충실하자. 이 일로 인해 더 좋은 문이 열릴 수도 있다. 1주일 후에 나갈지도 모르는데, 이곳 사람들과 더 적극적으로 대화해야지. 시간이 많지 않다.

한국 노동운동에 관심 있는 스태프

때마침 싱가포르 출신의 필로가 "한번 만날까요? 언제가 좋아요?" 하고 물었다. 캐나다로 이민 오기 전에는 금융회사에서 근무했다는 사람. 열흘 전 "언제 이야기하자"고 지나가듯 말했다. 솔직히 영어 때문에 자신이 없고, 더욱이 일요일이라 쉬고 싶었는데 마다할 수 없었다. 오후에 만나기로 약속했다.

필로는 싱가포르에서 대학을 졸업하고 야학에서 노동자를 가르쳤다. 노동자 교육을 하는 친구들도 있단다. 은행에서 9년 동안 근무하다 1993년에 마돈나하우스에 들어왔다. 1999년부터 7년 동안 아프리카 가나의 마돈나하우스 필드하우스에서 일했다. 그는 내가 한국에서 학생운동과 노동운동에 참여했다는 얘기를 들었다며 한국에 대한 관심을 표현했다. 내게 왜 운동을 그만두었느냐고 물었다.

"단순히 노동자가 되는 것은 의미가 없다고 생각했어요. 노동운동에 어떻게 기여할 것인가가 중요하지요. 한국의 노동조합운동이 발전하면서 다른 영역에서 할 일을 찾기 위해 노동운동을 그만두고 방송국에서 다큐멘터리 작가 일을 했어요." 내 얘기에 대해 그는 몇 번이나 강조한다. "나 자신이 가난하지 않으면 가난한 사람을 도울 수 없어요." 필로가 생각하는 가난. 그것은 마돈나하우스의 단순하고 가난한 삶을 말하는 것이리라.

이곳 스태프들은 의식주를 모두 공동체에서 해결한다. 별도의 급여는 없다. 전화요금, 휴가비 등도 스스로 마련해야 한다. 캐나다 영주권자나 시민권자는 건강보험에 가입되어 있다. 하지만 보험이 적용되지 않는 치과, 안경, 카이로 프랙틱(척추 교정) 등의 의료비는 개인이 마련해야 한다. 젊은이들은 연금을 받는 스태프의 지원으로 의료비를 충당한다. 한국의 몇몇 공동체를 옆에서 본 적이 있지만, 이토록 강력하게 가난을 선택한 경우는 보지 못했다. 그럼에도 여기서는 미래에 대한 불안의 기미를 찾아보기 힘들다. 가난해도 풍요로워 보인다. 그 힘은 어디서 나올까? 남은 기간 관찰해볼 주제가 생겼다 싶었는데, 오늘 그 해답의 실마리를 보았다.

게스트 숙소 1층 빨래건조실 겸 침구실에 들렀다가 오리털 침낭을 우연히 발견했다. 와, 이제는 자다가 이불 옆으로 들어오는 찬바람 때문에 깨는 일은 없겠구나. 게다가 이 침낭은 '메이드 인 코리아made in Korea'다. 어느 한국인 게스트가 나중에 필요한 사람을 위해 두고 간 것이다. 누군지 모르는 그녀의 선물이 고맙다. 이렇듯 마돈나하우스에서는 필요한 도움을 받을 수도 있다.

창고에서 기부 물건 분류하는 날

12월 3일 월요일, 어젯밤 발견한 오리털 침낭 안쪽에 면 시트를 대고 자니 가볍고 따뜻하다. 하지만 내 몸은 말이 아니다. 입안이 온통 부르트고 몸은 천근만근 무겁다. 아침에 문을 열고 나가니, 눈이 더 소복하게 쌓여 있다. 어쩌면 눈이 이렇게 하염없이 내릴까.

오늘은 더 힘든 일이 나를 기다리고 있다. 기부 물건 분류 작업. 세인트 조지프에서는 기부받은 물건을 한 달에 한 번 스태프와 게스트 전원이 모여서 분류한다. 색다른 일에 호기심이 생긴다.

분류 작업을 하는 곳은 메인하우스에서 100미터 정도 떨어진 큰 창고. 다른 사람들은 모두 실내화를 들고 왔는데 나는 그 말을 못 알아들었다. 눈은 펑펑 내리고 한번 나갔다 들어올 때마다 옷 갈아입고, 신발 갈아 신고, 장갑도 껴야 하고. 일을 시작하기도 전에 지친다.

창고는 농구장만 하다. 이곳저곳에 작업대가 있고 바닥에는 분류를 기다리는 옷, 양말, 핸드백, 가구 등이 쌓여 있다. 세인트 조지프 디렉터의 지시에 따라 각자 일한다. 처음에는 큰 통에 든 양말을 분류했다. 새것, 쓰던 거지만 괜찮은 것, 버려야 할 것. 다음은 벨트 분류. 이때만 해도 좀 할 만했는데, 점심 식사 후에는 알짜배기 막노동이다.

팔 수 없다고 결정한 옷을 큰 비닐 봉투에 집어넣는 일. 이게 만만치 않다. 무거운 겨울옷을 옮기는 것은 물론이고, 비닐 봉투의 부피를 줄이려면 옷을 넣을 때 팔과 온몸의 무게로 힘을 주어 공기를 빼야 한다. 한 시간 만에 쓰러지기 직전이다. 하지만 힘들다고 말할 수도 없다. 캐시가 1주일 동안 내가 어떻게 생활하는지 보겠다고 했으니, 여기서 원하는 만큼 체류하려면 힘든 티를 내지 말아야 한다. 묵묵히 일하고 있는데, 나의 송곳 리나가 또 참견을 한다.

"은경, 네가 포장한 비닐 봉투에는 공기가 너무 많잖아. 이렇게 눌러서 공기를 빼라고." 속으로 대답했다. '지금 있는 힘껏 에너지를 쓰고 있거든? 나 좀 봐주라.' 일부러 그의 말을 못 알아들은 척하면서 내 일을 했다. 다행히 그때쯤 리나가 다른 곳으로 배치되었다. 우와, 감사합니다.

침묵의 시간 5분

작업해야 할 옷이 산더미처럼 계속해서 쌓인다. 혼자

이걸 다 해야 하나? 콩쥐가 된 것 같다. 너무 힘들어 팔이 부들부들 떨린다. 다행히 오후 3시 30분부터 30분 동안은 휴식 시간. 간식을 먹고 나니 회복이 좀 된다. 하지만 실외 화장실도 가야 하고 휴식하는 곳까지 왔다 갔다, 옷 갈아입고 신발 바꿔 신으니 다시 일하는 시간이다.

그래도 달콤한 시간이 있었다. 침묵의 시간 5분. 조금 전까지의 분주하고 고된 노동에서 벗어나 온전하게 고요함을 누린다. 커다란 통유리 창문 밖 함박눈을 바라보면서. 70여 명이 한순간에 정지하는 장면. 압도적으로 고요하다. 머리끝에서 발끝까지 상쾌하게 샤워를 한 느낌이다. 5분의 시간이 이렇게 강력하다니.

4시 40분쯤 작업이 모두 끝나고, 뒷정리에 청소까지 또다시 업무가 분담되었다. 여기서 할 일이 없으니 일부는 세탁실로 가고, 나는 주방으로 가라 했다. 주방에 가니 그날 담당은 헝가리에서 이민 왔다는 스태프 B였다. "뭐 도울 일 없느냐"는 나의 말에 기다렸다는 듯 엄청난 설거짓거리를 가리켰다. 손 하나 까딱하기 힘들었지만, 기름 범벅인 네모난 무쇠 오븐에 스테인리스 냄비까지, 묵묵히 일을 끝냈다.

정말 힘든 날이다. 눈은 계속 내리고, 저녁 미사를 드리러 가는 내 다리는 후들거린다. 그래도 채플에서 합창하는 성가의 아름다운 멜로디가 나를 위로해준다. 오늘 하루도 잘 지냈어요. 정말 감사합니다. 동시에 목요일을 손꼽아 기다린다. 그때는 뿌스띠니아에서 두 번째 조용한 휴식과 기도의 시간을 보낼 수 있으니까.

저녁 식사를 끝내고 영적 상담자 키에렌 신부님을 만났다. 나는 이토록 힘이 드는데 신부님과 다른 스태프는 어려움이 없느냐고 물었다.

휴식에 대한 조언

"처음 게스트로 왔을 때는 27세, 에너지 넘치는 청년이었지요. 그래도 집에서 지내던 거와 다르니 많이 피곤했어요. 그래서 방법을 찾았어요. 기회가 있을 때 충분히 휴식하는 법을 터득했어요. 반드시 뭔가 해야 한다는 생각에서 벗어났지요. 때로는 한발 물러나 아무것도 하지 않고 쉬는 것이 필요해요."

여기에 신부님은 한 가지를 더 강조한다.

"성체 앞에서 묵상하는 시간 Holy Hour이 진짜 휴식이지요. 메인하우스 다락방 기도실에서나 미사 시간에 기도하고 나면 다시 기운을 낼 수 있어요."

그의 말에 나도 공감했다. 기도와 묵상하는 시간은 나의 피와 살에 다시 생기가 돌게 해준다. 그러나 그것만으로 안 되는 게 있는데, 여기 신부님과 스태프는 어떻게 할까?

"게스트로 있을 때 가장 고단한 건 사실이에요. 나중에 견습생이 되고 스태프가 되면 조금 달라요. 내 집처럼 자리를 잡고 나면 편안하게 지내는 법을 터득하게 되지요."

키에렌 신부님의 얘기를 들으니, 게스트로서 내가 힘들어하는 게 이상한 게 아니라는 생각이 들었다. 그것만으로도 위안이 되었다. 이제 이야기의 방향을 바꾸어보았다. 그는 한국에 대해 얼마 만큼 알고 있을까? 마돈나 하우스에는 한국 사람이 언제 처음 왔을까?

"한국에 대해서는 한국전쟁이나 남북이 분단되었다는 정도로만 알고 있었어요. 내가 기억하는 첫 한국인은 젊은 여성이었는데, 견습생으로 몇 달 있었어요. 그가 메인 하우스의 작은 방에 있는 한복 입은 성모상을 선물했어요. 그런데 이후로는 한국 사람이 없었던 적이 하루도 없어요."

그가 말한 성모상을 본 적이 있었다. 대수롭지 않게 여기며 지나쳤는데, 단순히 한복 입은 인형이 아니었던 것이다.

    눈 내리는 밤, 이야기를 마치고 숙소로 돌아오는 길. 키에렌 신부님과 이야기를 나누고 나니, 지쳤던 몸이 살아나는 것 같았다. 그가 특별히 용기를 준 것도 아닌데 몸과 마음의 피로가 녹아내렸다. 아무도 없는 눈길을 "행복해, 행복해" 하면서 걸었다. 마돈나하우스에서 내일 나가게 되어도 여한이 없는 밤이었다.

이것은 노동인가,
명상인가, 기도인가

 난로 위 주전자에 물 끓는 소리. 오래된 나무 바닥 삐걱거리는 소리. 스태프들 소곤거리는 소리. 아주 가끔 전화벨 울리는 소리. 컴퓨터 자판 두드리는 소리. 고요한 실내악 연주 같다.

 월간 종이신문 〈회복〉을 발행하는 사무실. 아침마다 게스트가 할 일이 정해지는 마돈나하우스에서 내가 가장 많이 일했던 장소다. 열 평 남짓한 하얀 목조건물에서 네다섯 명의 스태프가 신문을 편집하고 발송하는 곳.

눈보라를 바라보며 마음을 청소하다

나는 주로 구독 만료 기간이 다가온 사람에게 연장을 요청하는 편지 작업을 도왔다. 스탬프 찍고, 풀로 봉투 붙이고, 개수 세고. 단순한 일을 한다. 창밖에는 솜털 같은 눈이 빗발치는데, 젊은 머레이 신부님은 몇 시간째 눈을 치우고 있다.

따뜻하고 조용한 사무실 안. 유리창 너머 눈보라를 멍하니 바라본다. 흘러간 시간이 영화필름처럼 돌아간다. 천천히 천천히. 여덟 살 때 살던 삼선동 골목. 오빠와 함께 쪼그리고 앉아 오른쪽 깜박이가 켜지면 우회전, 왼쪽 깜박이가 켜지면 좌회전하는 자동차를 관찰하며 놀던 날. 골목에서 언 손을 호호 불며 눈사람 만들던 날. 그러다 장면이 훌쩍 건너뛴다.

"이제 그만 나오세요." 수년 동안 열정을 다했던 일터에서 이 말을 들었을 때의 분노. 어느 날 연락을 끊어버린 '절친'에게 느꼈던 서늘함. 그때는 마음이 시끄러워 잠을 설쳤지. 세상 쓰디쓴 맛이었지. 그래. 그랬지. 다 지나갔다. 기꺼이 용서하지는 못해도 괜찮아. 흘려보내자. 저 눈보라와 함께 날려버리자. 남아 있던 마음의 찌꺼기를 치워낸다. 홀가분하다.

침묵 속의 평온함. 하염없이 내리는 눈을 바라보는 이 시간이 달콤하다. 눈물겹게 고맙다. 빨리 일을 끝내라는 사람도 없고, 너무 조용해서 졸기도 한다. 이것은 노동인가, 명상인가, 기도인가.

12월 4일 화요일, 오늘은 한숨 돌릴 틈이 없었다. 〈회복〉 2008년 신년호가 사무실로 입고되었다. 연말이라 특별히 발송해야 할 신문 부수가 많았다. 스태프와 게스트 30여 명이 8천 장의 후원 요청서까지 넣어 봉투 작업을 했다. 신문 접는 팀, 봉투에 넣는 팀, 봉투 봉하는 팀, 봉투 세는 팀. 수십 년 동안 매월 이렇게 신문 발송을 해왔기 때문인지, 물 흐르듯 일이 착착 진행되었다.

숨 가쁘게 흐른 하루. 평소에는 오후 3시에 30분의 휴식 시간이 끝나면 다락방에서 기도를 했는데 오늘은 그럴 틈도 없었다.

친절이 영성이다

일을 마치고 저녁 미사 드리러 가는 길에 샌디를 만났다. 등이 약간 구부정하지만 한겨울에도 실내에서 남방 하나, 때로는 반소매 티셔츠만 입고 지내는 70세의 할머니. 내가 놀라 "안 추워요?" 하고 물으면, "나는 상체는 가볍게 입고 아래를 따뜻하게 입어" 하며 두툼한 양말을 보여주고는 했다. 언제나 웃으며 따뜻하게 말을 걸어오는 샌디를 한국인 게스트들은 모두 좋아했다. 나도 나이 들면 그처럼 몸 건강하고 마음 따뜻한 노인이 되고 싶었다. 그런 샌디가 오늘은 특별한 친절을 베풀었다.

"은경, 내게 긴 코트가 있는데 아주 가볍고 따뜻해. 너 필요하면 줄까?" 내가 무척 추워하는 것이 안쓰러웠던 모양이다. 하지만 내 코트도 꽤 따뜻한 편이라 무조건 받겠다고 할 수는 없었다. 그래서 "보여줄래요?"라고 했는데. 일과가 모두 끝나고 숙소로 돌아왔더니 잔이 큰 보따리 하나를 내밀었다. 샌디가 전해준 것이었다. 나에게는 무릎 아래까지 내려오는 팥죽색 거위털 코트를, 은수 씨에게는 청색 오리털 파카와 거기에 어울리는 털모자까지. 가볍고 따뜻했다.

1937년생인 샌디는 1959년에 마돈나하우스에서 첫 서원을 했고 마돈나하우스의 기부 물품 분류 작업을 줄곧 담당해왔다고 하는데. 샌디는 마돈나하우스에 머무는 게스트나 수련생을 눈여겨보다 필요한 물건을 전해주는 것도 자신의 일이라 생각한 게 아닐까?

샌디가 2022년 83세에 세상을 떠났다는 소식을 들었다. 샌디는 떠났지만, 샌디의 친절은 아직까지도 나의 겨울을 따뜻하게 녹여주고 있다.

이렇게 나이 들고 싶다

샌디의 친절을 계기로 마돈나하우스의 노인 스태프에게 더욱 관심이 갔다. 20~30대에 마돈나하우스에 들어와 50~60년을 살아온 사람들. 일흔, 여든인데도 아이처럼 밝게 웃으며 젊은이들과 어울려 즐겁게 일하고 대화하고 경쾌하게 노는 모습은 한국은 물론 마돈나하우스에 오기 전 머물렀던 몬트리올에서도 보기 힘들었다. 이분들은 게스트에게 도움을 주려는 태도가 몸에 배어 있었다. 내가 신부님의 강의를 잘 이해할 수 있도록 책에서 관련 대목을 찾아 건네주기도 했고, 언제나 따뜻한 웃음으로 대해주었다. 작지만 작은 행동이 아니었다.

여러 사람의 친절로 하루하루 살아가고 있다. 어느 책에서 읽은 달라이 라마의 말이 생각난다. "친절이 불성이고 영성이다." 캐서린 도허티도 말했다. "친절이 사랑이며 하느님의 마음이다." 사랑의 마음이 행동으로 나타나는 것이 친절이라는 이야기다. 키에렌 신부님도 친절은 마돈나하우스의 기본 정신인 환대와 통한다고 말했다.

"마돈나하우스에는 1년에 500여 명의 게스트가 찾아와 1주일에서 몇 달을 지내는데, 친절과 환대는 게스트만을 위한 게 아니에요. 40년 전에는 이곳에 사는 대부분이 20~30대였지요. 하지만 마돈나하우스 스태프의 나이가 많아지면서 우리 안에서도 환대와 돌봄의 문화가 필요해졌어요. 예컨대 과거에는 눈 덮인 길도 모두 가뿐히 걸어 다녔어요. 눈을 치울 필요도 없었지요. 하지만 이제는 노인이 많아 훨씬 천천히 움직여야 하고 낙상 사고에 대비해 눈도 잘 치워야 하지요. 친절한 보살핌과 환대가 그만큼 더 필요해졌어요."

고령화가 친절과 환대로 이어지는 공동체의 문화가 매력적으로 다가왔다.

생강 과자 만들기

12월 5일 수요일, 일기가 짧아진다. 일상이 단조로운 만큼 하루하루 시간이 더 빠르게 흐른다. 수요일 오전 톰 신부님의 강의 시간, 남녀 게스트들이 각자 편한 자리에 앉아 있다. 나에게는 안 들리는 라디오를 켜놓은 것 같다. 관심이 있거나 공감이 가는 이야기는 들린다. 하지만 오늘처럼 신앙적인 이야기와 추상적인 이야기가 계속될

때는 주의를 집중하기 어렵다. 『옥스퍼드 영영사전』을 펴놓고, 가장 많이 반복되는 종교 언어를 찾아본다.

강의가 끝나고 점심 식사 전까지 각자 영적 독서 시간을 가졌다. 나는 니콜라스 성인Saint Nicolas에 관한 책을 읽었다. 어제 저녁식사를 하면서 수련생 랠프가 니콜라스 성인에 대해 설명해줄 때, 내가 잘 모른다는 것을 알고 이 책을 준 것이다. 니콜라스 성인은 3~4세기경 동로마 제국(현재 튀르키예 지역)의 성직자. 그 덴마크 버전이 전 세계로 퍼져 현대의 산타클로스가 되었다고 한다.

내일 성 니콜라스 축일을 위해 저녁 식사 후에는 게스트, 수련생, 스태프가 생강 과자를 만들었다. 생강과 밀가루를 반죽해 가로 15센티미터, 세로 25센티미터 크기의 네모난 판을 만든 다음, 성 니콜라스 모습의 '본'을 대고 과자 형태를 빚었다. 그 위에 빨간색, 흰색, 노란색, 하늘색, 초록색 과자 가루와 건포도 등을 이용해 수염이 긴 성 니콜라스가 성의를 입고 지팡이를 든 모습을 표현했다. 한 시간 동안 한껏 솜씨를 발휘해 한 개의 성 니콜라스 과자를 만들고 있으니 내가 예술가가 된 것 같았다. 내가 언제 이런 걸 해봤더라? 미술 시간에 하던 찰흙 놀이가 생각났다.

특히 잔과 20세 남성 게스트 H가 만든 과자는 예술이었다. 많은 사람이 두 사람을 "훌륭한 예술가들"이라고 극찬했다. 이들 것에 비하면 내가 빚은 과자는 엉성했다. 그래도 잠시 어린아이의 마음으로 돌아간 시간이라 즐거웠다.

이 행사가 끝나고 저녁 8시, 서둘러 뿌스띠니아로 향했다. 2주일 동안 이 시간을 얼마나 기다렸던가. 온통 하얀 눈으로 덮인 겨울밤, 여자 게스트 숙소 옆에 자리한 뿌스띠니아. 하지만 심리적인 거리감은 절대적이다. 바로 옆에 있는데도 혼자 멀고 먼 여행을 가는 것 같다. 그래서인지 "뿌스띠니아에서 혼자 24시간을 지내는 게 무서워서 엄두를 못 내요", "무엇을 해야 할지 몰라 두 시간만에 나왔어요"라고 하는 한국인 게스트들도 보았다. 하지만 사막의 영성을 경험하는 뿌스띠니아는 나에게 침묵과 기도, 휴식의 장소다.

두 번째 뿌스띠니아

12월 6일 목요일, 뿌스띠니아에서 맞이한 새벽. 침대 위에 숄을 깔았지만, 영하 17도의 추위가 만만치 않다. 침대는 차갑고 으슬으슬했다. 샌디 할머니가 준 코트를 이불 위에 덮었다. 가볍고 따뜻했다. 거위털의 위력이 대단했다.

오전 8시쯤 일어났다. 게스트 숙소에서는 매일 새벽 6시 45분에 알람이 울린다. 8시까지 채플에 가려면 늘 서둘러야 하는데, 뿌스띠니아에서는 한껏 게으름을 피웠다. 창밖에는 성에가 만든 얼음꽃의 기하학적인 문양이 화려했다. 그 모습을 한참 바라보았다. 얼마 만에 보는 풍경인가. 어릴 적 겨울, 윗목에 걸어둔 걸레가 꽁꽁 얼 만큼 추웠던 삼선동 집의 유리창이 생각났다.

그림을 그리고 싶다. 줄 없는 백지 노트가 있으면 좋겠다. 아무것도 하지 않고 앉아만 있으니 너무 좋다. 전기 포트에 물을 끓여 홍차 한잔을 마신다. 온몸에 따스함이 퍼진다.

오전 11시까지 침대에 누워 있었다. 그런데 오늘이 목요일이니 오후 2~5시는 게스트들의 자유시간. 아무도 마주치지 않고 산책하려면 서둘러야 했다. 옷을 입고 밖으로 나와 한 시간쯤 산책했다. 일부러 모르는 길을 찾아 걸었다. 아래쪽으로 걷다가 왼쪽 작은 찻길로 접어들었다. 지나는 차가 드문 곳이다. 한 시간 동안 차를 한 대 봤던가? 완만한 오르막길, 다시 눈발이 거세졌다. 몸은 춥지 않은데 얼굴에 차가운 눈이 얼어붙었다.

사방이 고요하니 내가 내는 소리가 요란하게 들린다. 옷 스치는 소리, 저벅저벅 발소리. 동작을 멈추고 고요의 소리를 듣는다. 걷다 서고 걷다 서고, 내가 만드는 소리를 친구 삼아 연주를 했다고 할까? 숲에서 "다닥다닥" 작은 소리가 들린다. 오른쪽에 딱따구리다. 조심스레 카메라를 대려 하니 날아가버린다. 다시 정적을 깨는 새소리가 들린다.

얼굴이 얼음장이 되어 뿌스띠니아로 돌아온다. 물통에서 물을 따라 전기포트에 끓인다. 대야에 물을 붓고 발을 담근다. 온몸에 따뜻함이 퍼진다. 뿌스띠니아는 하느님과 대화하는 곳, 나를 만나러 오는 곳. 특별히 기도 자세를 취하지는 않는다. 이 고요함에 나를 푹 담근다.

원래 뿌스띠니아는 저녁 8시에 나와야 한다. 하지만 오늘은 성 니콜라스 축일이라 저녁 6시에 메인하우스로 가야 했다. 혼자만의 시간이 두 시간 줄어드는 것은 아쉬웠지만, 맛있는 식사는 기대되었다.

메인하우스 입구에서 농장 디렉터 스콧과 마주쳤다. 내가 웃으며 "지금 뿌스띠니아에서 오는 길이에요"라고 했더니, 그 역시 활짝 웃으며 "오, 고요와 기도!"라고 답한다. 뜨끔하다. 고요는 즐겼지만, 기도는 거의 하지 않은 것 같아서. 그러나 금세 마음을 고쳐먹었다. 내가 침묵과 고요의 소리를 들으며 푹 쉬는 것을 하느님이 싫어할 리가 있겠는가. 이것이 명상이고 기도 아닌가. 노동, 명상, 기도가 하나로 통하는 마돈나하우스의 하루가 저물고 있었다.

기도 선물로 만난
미리암

마돈나하우스의 12월은 특별하다. 크리스마스뿐 아니라 다양한 축일과 기념일이 있다. 가톨릭 공동체이기 때문에 의례 즉 리추얼Ritual이 중요한 건 당연하다. 하지만 나에게 이곳의 리추얼은 종교성 너머의 특별한 무엇이 있었다.

성 니콜라스 축일의 연극 무대

이곳에 온 지 꼭 한 달이 되는 날. 뿌스띠니아에서 돌아온 나를 성 니콜라스 축일의 저녁 파티가 기다리고 있었다. 산타클로스의 모태가 된 성 니콜라스. 그 축일의 진정한 의미는 하느님과 인간이 서로 아낌없이 나누는 것이며, 나아가 신과 인간의 소통과 합일이라는데. 오늘 그 의미를 새기는 특별한 행사, 리추얼이 진행되었다.

식사가 끝나자 메인하우스의 다이닝 홀은 연극 무대로 변했다. 내가 좋아하는 키 작고 뚱뚱한 신부님이 뒤뚱뒤뚱 걸어 나오며 연극을 시작했다. 70대 백발노인이 저토록 귀여울 수가. 늘 표정 없이 뚱해 보였던 통통한 여성 스태프도 무대에 오르니 다른 사람이 되었다. 생기가 넘쳤다. 이어서 젊은 남녀 게스트가 등장했다. 감옥의 죄수에게 위안을 주는 성 니콜라스, 거친 파도로 난파의 위기에 있는 선원을 구하는 성 니콜라스, 어린아이들에게 희망을 주는 성 니콜라스. 이 몇 장면을 위해 신부님, 스태프, 게스트가 모여 며칠 동안 연습을 했던 것이다.

평소에 이래라저래라 나를 구박하던 리나는 세상에, 성모마리아 역할을 맡았다. 20대의 예쁜 게스트 베스는 배트맨처럼 위아래 검은 옷에 검은 가면을 썼다. 선원 역할은 턱수염을 기른 유대인 청년 코디가 맡았다. 성 니콜라스로 분장한 닉의 표정은 너무도 경건했다.

릴레이 기도 선물 뽑기

놀라웠다. 다들 어쩜 이토록 자연스럽지? 때로는 진지하게 몰입하고 때로는 폭소를 터뜨리며 연극이 끝났다.

특별한 이벤트가 이어졌다. 며칠 전 남녀 게스트가 모여 동그란 초록색 은박지에 회색 은박지를 붙였는데, 그게 오늘 행사를 위한 준비였다는 걸 비로소 알았다. 마돈나하우스의 스태프와 게스트의 이름이 적혀 있는 동그란 카드를 모두 한 장씩 뽑았다. 다음에는 한 사람씩 자기가 선택한 카드에 적힌 이름을 큰 소리로 말했다. "잔은 폴을 뽑았어요." "폴은 은수를 뽑았어요." "은수는 조코를 뽑았어요." 일종의 릴레이 선물 교환인데 선물은 '기도'다. 마돈나하우스 본부의 100여 명이 한 사람도 빠짐없이 자신이 뽑은 사람을 위해 1년 동안 기도해주는 것. 나는 60대 스태프 린다를 뽑았다. 키가 나보다 작고 짧은 머리에 눈빛이 순한 그와 인사를 나누었다. 스무 살에 이곳에 들어와 40년 전 출판사 업무를 맡아 지금까지 줄곧 편집자로 일해왔다는 린다. 생활하는 장소가 달라 릴레이 기도가 아니면 만나기 어려운 사람이었다.

그런데 이상했다. 그 누구도 내 이름을 말하지 않았다. '뭐지? 못 알아들었나?' '제비뽑기 운이 없어 이런 것도 안 걸렸나?' 이벤트가 끝나고 잔에게 말하니 "아마 데이비드 신부님일 거예요. 다른 일 때문에 이 자리에 오지 못했거든요" 하며 나를 위로했다.

조금 실망하여 주방에서 저녁 설거지를 하는데, 누군가 나를 찾아왔다. 일요일 미사를 드리는 세인트 메리에 언제나 지팡이에 기대어 힘들게 걸어 들어오던 60대 초반의 여성, 그의 이름은 미리암이었다. 자신이 내 이름을 뽑았는데, '은경'을 준 씨로 착각했다는 것이다. 아하, 그랬구나. 마음이 놓였다.

기도 릴레이는 나에게 특별한 의미가 있었다. 1년 동안 내가 기도해줄 린다, 그리고 나를 위해 기도해줄 미리암. 누가 누구를 위해 1년 동안 기도한다는 것은 강력한 유대감이 들게 해주었다. 마돈나하우스의 사람들이 하나하나 보이기 시작했다. 언제 이곳을 떠날지 모르는데 용기를 내보자. 사람들을 깊게 만나보자.

"나의 질병은 주님의 선물이에요"

며칠 후 메인하우스의 다이닝 홀에서 미리암을 만났다. 미국 출신의 유대인인 그는 파리, 아비뇽 등 프랑스 마돈나하우스 필드하우스에서 일했다. 구소련이 붕괴한 후 러시아 북동부 오호츠크해의 항구 도시 마가단에 새로운 필드하우스가 문을 열면서 1993년부터 2005년까지 12년 동안 그곳에 파견되기도 했다. 마돈나하우스가 러시아정교회의 전통과 관련이 깊기 때문 아닐까 추측할 뿐 더 묻지는 못했다. 그는 먼저 자신의 병을 설명하며 대화를 시작했다. 깊은 눈빛, 따뜻하고 명료한 목소리로.

"나는 다발성경화증을 앓고 있어요. 이 병은 중추 신경계에 생기는데, 완치가 불가능하고 점점 악화되지요. 어떤 형태의 증상이 나타날지 아무도 예상하지 못해요. 처음으로 걷는 데 문제가 생겼던 건 18년 전이에요. 하지만 원인을 몰라 허리 쪽에 문제가 있는 줄로만 알았지요. 그러다가 1998년에 다발성경화증 진단을 받았어요. 아버지도 같은 병을 앓았어요. 다리가 점점 악화됐지요. 통증 완화를 위해 약물을 복용하지만 불치병이라 상태가 좋아지지는 않아요."

그러나 지팡이를 짚고 힘들게 걸으면서도 내가 볼 때마다 밝게 웃고 있던 사람. 나는 골골하며 이곳에서 하루하루를 버티고 있는데, 그는 심각한 자신의 병을 어떻게 받아들이고 있을까 궁금했다.

"나는 이 병을 진단받았을 때, 주님의 선물이라고 생

각했어요. 사형 선고가 아니라 초대였어요. '걷지도 못하고 하고 싶은 일도 못 하게 될 거야' 같은 게 아니었어요. 주님께서는 이렇게 말했지요. '이 병을 통해 앞으로 살아가는 데 진정 필요한 것이 무엇인지 깨달을 것이다.' 기독교에서는 이것을 '은총'이라고 해요. 은총은 주님으로부터 오는 것이고, 내게 살아갈 힘을 주지요. 사실 나의 삶은 완전히 달라졌고 할 수 없는 일이 많아졌어요. 여행을 거의 못 해요. 쉽게 피곤해지지요. 몸 상태가 계속 바뀌거든요. 최근에는 미사에도 나가지 않기로 했어요. 차 타기가 힘들어서 갈수록 더 제한된 생활을 해요. 그러나 내면은 더 자유로워졌어요."

아파서 하고 싶은 일을 못 하는데 내면은 더 자유로워졌다니, 알 듯 말 듯했다.

"고통을 받아들이면 새로운 문이 열려요"

"나는 한 인간으로서 내가 어떤 존재인지 그 가치$_{being}$를 알고 있어요. 그것은 내가 무엇을 하느냐$_{doing}$와 상관없어요. 서양 사람들은 인간의 가치를 그 사람이 하는 일로 판단하지요. 한국도 마찬가지일 거예요. 하지만 그건 잘못된 생각이에요. 우리의 가치는 우리가 누구인지에서 나타나요. 우리는 있는 그대로 우리를 사랑하시는 주님으로부터 창조되었지요. 이건 기독교 사상의 핵심이에요."

주님이 주신 삶과 더불어 나약함과 질병을 받아들일 때, 우리는 강한 힘을 갖게 된다는 이야기였다.

"그것은 고통받고 시련을 겪는 다른 모든 이와 하나가 되게 하는 힘이지요. 누구나 고통과 시련을 겪어요. 하지만 생각해보면 고통받을 때 우리는 선택할 수 있어요. 고통을 통해 쓰라림, 절망, 엄청난 외로움을 느낄 수도 있어요. '아무도 나를 이해하지 못해, 이 세상에서 난 혼자야'라고요. 하지만 고통으로 다른 모든 이와 하나가 되는 길을 택할 수도 있어요."

큰 병에 걸려 죽을 고비를 넘긴 사람의 종교적 신앙 간증이 이런 건가? 그런데 그게 어떻게 가능하다는 걸까?

"이해와 연민을 통해서요. 사람들은 고통받는 사람을 외면하지요, 두려움 때문에. '걷지 못하면 정말 끔찍할 거야.' 하지만 내가 걷지 못한다는 사실을 받아들이면, 나는 아직 살아 있고 내 삶이 존재함을 깨닫게 되지요. 그러면 두렵지 않아요. 누군가가 '너는 이제 하던 일을 못 하게 될지도 몰라'라고 한다면 나는 이렇게 답할 거예요. '그래, 나도 알아. 하지만 내 삶은 여전히 존재해. 그래서 두렵지 않아.' 그러면 우리 사이의 장벽이 사라지는 거지요."

자신의 고통을 받아들이면 고통받는 모든 이와 하나 되는 길, 사랑과 연민의 문이 열린다는 이야기였다. 그러나 큰 병을 안고 살아가는 건 얼마나 고통스러운가.

"당연히 쉽지 않아요. 힘든 일이지요. 그러나 이 병이 주님의 뜻이라면, 주님은 그걸 헤쳐나갈 삶도 함께 주신답니다. 그건 세상에서 가장 아름다운 일이에요. 나는 세상을 치유할 수 있다고 믿어요. 영적인 힘으로요. 우리 인간의 힘보다 더 큰 힘이지요."

특정 종교를 믿지 않는 나에게 주님의 뜻은 솔직히 말해 손에 잡히지 않았다. 그러나 힘든 일이 닥쳤을 때 새로운 문이 열린다, 그것을 헤쳐나갈 영적인 힘이 생긴다는 것은 깊이 공감할 수 있었다.

미리암에게 내 이야기를 했다. 한국에서 방송 다큐멘터리 작가로 일하다 섬유근육통이라는 병을 얻었고, 그것이 계기가 되어 캐나다에 그리고 마돈나하우스에 오게 되었다고 털어놓았다. 몸이 약해 마돈나하우스에서 힘든 것도 있지만, 단순노동과 명상, 기도를 통해 충만감과 평화를 누리고 있다고. 어쩌면 나에게도 고통을 통해 인생의 새로운 문이 열린 것일까?

당신의 존재가 행위보다 중요하다

"당신을 위해 기도할게요. 당신이 겪은 고통은 다른 사람을 도울 수 있도록 해줄 거예요. 주님은 나에게 다른 이들을 도울 뭔가를 주셨어요. 물론 다시 걸을 수 있다면 좋겠지요. 하지만 나는 고통을 통해 배운 것을 포기하고 싶지 않아요. 주님께서 '네 병을 낫게 해주겠다. 그 대신 그동안 배운 것을 모두 잊게 될 것이다' 하신다면 나는 거절할 거예요. 이게 진정한 삶이고 나에게 사랑을 알게 해줘요. 당신과 같은 타인과 가까워질 수 있게. 걷는 것보다 훨씬 더 중요한 일이에요."

미리암은 자신의 아픔을 에너지 삼아 사랑과 연민으로 다른 이들을 도울 수 있게 되었다며 덧붙였다.

"캐서린 도허티는 늘 말했지요. 당신이 무슨 일을 하는지는 중요하지 않다. 당신이 누구인지가 더 중요하다. 은경, 당신의 가치는 당신이 해낸 일로 정해지는 것이 아니에요."

"당신이 어떤 존재인가가 당신이 무엇을 하느냐보다 중요해요 Being is more important than doing." 그는 이 말을 몇 번이나 반복했다. 왈칵 눈물이 쏟아졌다. 나 역시 일의 성과로 자신을 평가해온 것은 아닐까? 학생운동과 노동운동을 하며, 방송작가와 시민교육기획자로 일하며 목표했던 결과를 성취했을 때 뿌듯했다. 하지만 그러지 못했을 때, 특히 몸이 아파 일을 그만두었을 때 스스로를 어떻게 대했던가?

몇 년 전 『존재의 심리학』을 읽으며 존재에 대해 깊이 생각해보았다. 그래서인지 미리암의 말이 마음에 꽂혔다. 일과 사랑, 자아 실현과 성장 과정을 "자신의 두려움과 결핍에서 출발하는 태도"와 "존재의 기쁨과 충만함으로 출발하는 것"이 어떻게 다른가에 대한 이야기. 나를 돌아보며 '아하' 하는 것이 있었다. 일, 사랑, 영성 모두 자신을 깊이 존중하는 삶, 즉 존재의 충만감이 무엇을 성취하는가보다 훨씬 중요하다는 깨달음이었다.

뿌스띠니아에서 나 자신과의 깊은 연결을 통해 충만감을 느꼈다면, 성 니콜라스 축일의 파티와 기도 선물은 마리암과 린다와의 뜻밖의 만남을 경험한 공동체 리추얼의 시간이었다.

인생에는 언제나 예측할 수 없는 만남의 기쁨이 있고, 우리는 서로 연결되어 있다는 진실을 깨닫는 것. 이것이 축제와 놀이의 핵심 아닐까. 기념일이 특히 많다는 마돈나하우스의 12월이 더욱 기대되었다.

미리암 그리고 린다, 그 후

한국에 돌아온 후 3년 동안 미리암과 나는 이메일과 카드를 주고받았다. 미리암은 자신의 경험을 담은 책을 출간했으며, 캐나다 북부 에드먼턴의 필드하우스에서 마돈나하우스의 역사를 업데이트해 정리하는 일을 하고 있다고 전해 왔다. 2025년 지금도 외부 강의를 나가고 있을 만큼 건강을 유지하고 있다니 반가운 일이다.

내가 1년 동안 기도해주었던 린다와도 이메일을 주고받았다. 여전히 출판사에서 일한다고 했는데, 이 글을 쓰며 그가 몇 년 전 세상을 떠났다는 이야기를 들었다. 늦었지만 린다의 명복을 기원한다.

아이처럼 즐겁게,
과들루프 축일

　12월 10일 월요일, 마돈나하우스에 새로운 게스트가 왔다. 루마니아 출신의 메리 수녀님. 나이는 나와 비슷해 보이는데 키도 몸도 컸다. 프랑스에서도 몇 년 살아서 그런지 프랑스어를 유창하게 구사했다. 모두 그 앞에서 잘하든 못하든 프랑스어로 소통하려고 애를 썼다. 영어를 한마디도 못 해도 당당한 수녀님의 태도가 부러웠다.

　오늘 내가 배치된 곳은 주방. 수녀님과 종일 콩을 골랐다. 못난 콩도 골라내고, 돌도 골라내고. 이 일을 하다 보니 콩이라고 다 같은 콩이 아니었다. 큰 콩, 작은 콩, 동그란 콩, 납작한 콩, 노란 콩, 검정 콩, 녹색 콩, 빨강 콩.

나중에는 끝까지 골랐다. 한국에서 콩이나 팥을 한 알 한 알 골라본 적이 있었나? 같은 콩이라도 어쩌면 저렇게 제각기 모습이 다르고 예쁠까? 쟁반에 펼쳐놓은 콩들은 한 폭의 그림이었다. 문제는 평소에 이 아름다움을 볼 마음의 여유가 없다는 것. 마돈나하우스를 떠나면 내게 이런 시간이 다시 올까?

바느질의 매력을 발견하다

12월 11일 화요일, 오늘은 혼자 바느질하는 일을 배정받았다. 좋았다. 목 부분이 다 해지고 뜯어진 낡은 박사학위 가운을 수선했다. 핼러윈 데이나 무대에서 배우들이 입는 코스튬. 검은 모직 겉감에 벨벳 천과 금실로 문양을 댄 이 옷은 내가 들기 어려울 만큼 무거워 의자에 입혀놓고 가봉하듯 바느질했다.

나에게 코스튬 수선을 부탁한 사람은 메인하우스의 작은 사무실에서 게스트들의 방문 일정을 총괄하여 조정하는 헬렌. 키가 크고 몸이 단단해 보였다. 대학에서 연극을 전공했고, 마돈나하우스에서 연극할 때는 희곡을 직접 쓰기도 했다는데, 발음이 명료하고 목소리가 따뜻했다. 바느질을 시작하고 한 시간 지난 오전 10시 30분 티타임, 그와 나는 캐서린 도허티가 '연극'에 대해 쓴 글을 함께 읽었다.

> 한 편의 연극은 내게 일종의 뿌스띠니아다. 그것은 하느님과 자신을 만나는 방법이다. (…) 좋은 연극은 인생이다. 마돈나하우스에서 연극을 보여줄 때, 우리는 인생에 대해 더욱 진지해진다. 하느님, 그리고 다른 이와 내가 어떤 관계를 맺고 있는지 성찰하게 해준다. (…) 나는 연극의 캐릭터 안에서 나 자신을 발견한다. 나 자신의 내면을 보여준다는 점에서 종교적이다.❖

연극의 캐릭터에서 자신을 성찰한다는 캐서린 도허티의 말은 와닿는 뭔가가 있었다. 집 안에서도 연극을 즐기던 러시아 귀족 출신의 이민자, 그의 예술적 감성도 느낄 수 있었다.

코스튬 수선을 좋아한 데는 이유가 있었다. 우선 바느질하는 방이 예술이었다. 창문 밖에는 너른 강이 설경 속에 펼쳐졌다. 겨울 하늘은 시간에 따라 햇빛과 구름으로

❖ 『Grace in Every Season』, Madonna House Pubns, 1992.

그림을 그려주고, 새들은 지저귀며 음악을 연주했다. 내가 마돈나하우스에서 가장 아름다운 장소로 꼽는 이 방에서 종일 혼자 바느질을 하다니.

바느질에는 또 다른 매력이 있었다. 매일 우표 붙이고 콩 고르는 단순한 일도 명상하는 맛이 있다. 그런데 바느질을 하면 창작과 성취의 기쁨이 있었다. 낡고 해져 도저히 입지 못할 것 같은 옷도 한 땀 한 땀 정성을 들이면 쓸 만한 것으로 변신했다. 나의 손은 예술가의 손이 되었다.

바느질을 즐긴 적이 있었나? 중고등학교 시절 가정 시간에 바느질 숙제를 끔찍하게 싫어했다. 결혼할 때 엄마가 해준 이불은 요즘처럼 지퍼 있는 커버를 씌우지 않았기에 일이 바빠도 어쩔 수 없이 홑청을 뜯고 빨아 바느질을 해야 했다. 일단 시작하면 그렇게 힘들거나 싫지 않았지만, 시작하려면 부담이 컸다.

엄마는 바느질의 고수였다. 오빠의 배냇저고리부터 우리 자매의 원피스와 반바지까지 만들어 입혔다. 지금도 엄마가 만들어준 옷을 입고 찍은 사진을 가끔 들여다보는데, 흰 바탕에 오렌지색 동그라미가 그려진 하늘하늘한 아사 원피스는 정말 예뻤다.

하지만 나는 엄마가 만든 옷, 손뜨개질한 스웨터나 장갑을 좋아하지 않았다. 돈 주고 산 털장갑이 더 따뜻해 보였고, 부모님이 옷 가게를 하는 친구의 옷이 부러웠다. 지금은 엄마가 만든 옷이 얼마나 큰 사랑이고 예쁜 추억인지 사무칠 정도지만, 이제는 내 마음을 엄마에게 전할 길이 없다. 엄마는 오십이 넘어서는 눈이 아파 바느질을 못 했다. 엄마가 세상을 떠나고 혼자 남은 아버지가 이사하면서 엄마의 재봉틀을 버렸다. 맑은 눈물이 흘렀다. 바느질하며 엄마 생각에 흠뻑 젖을 수 있는 이 시간이 고마웠다.

성모마리아의 기적

12월 12일 수요일, 과들루프Guadeloupe의 복되신 동정마리아 축일이다. 마돈나하우스에서 처음 들은 '과들루프 축일'의 내력을 설명해볼까?

1531년 지금의 멕시코시티 테페약 언덕. 가난한 인디오 후안 디에고 앞에 성모마리아가 나타나 말했다. "이곳 주교를 찾아가 나를 기리는 교회를 세우라고 전해라." 하지만 주교는 후안의 말을 믿지 않았다. 그러나 성모마리아의 은혜로 후안이 한겨울에 키운 아름다운 장미를 보여주자, 주교는 그의 말을 믿지 않을 수 없었다. 한겨울에 장미라니? 이것은 성모마리아의 기적이었다. 그런데 또 다른 기적이 있었다. 후안은 장미로 채운 그의 망토를 주교에게 보여주었다. 망토에는 성모마리아의 그림이 새겨져 있었다. 그림 속의 성모마리아는 인디오 문화의 상징이 가득한 인디오 공주의 옷을 입고 있었다. 망토에 새겨진 성모마리아 그림은 거의 손상되지 않은 채 보존되어 지금도 멕시코시티의 성당에 전시되고 있다.

과들루프 축일, 예수의 어머니 마리아의 발현을 기념하고 축하하며 아이 같은 즐거움을 경험하는 날. 과들루프 축일에는 평소보다 한 시간 일찍 기상하여 아침 미사에 참석한다. 미사는 여성들이 부르는 세레나데로 시작한다. 오늘 아침 일찍 일어나 미사에 간 것도 그 때문이었다. 하지만 나는 이날이 어떤 의미가 있는 건지 정확히 알지 못했다. 메인하우스의 식당이자 도서관인 다이닝 홀 중앙에 이전에 보지 못한 분위기의 성모상 그림이 모셔져 있어, '뭔가 특별하구나' 하고 느꼈을 뿐이었다. 낮에는 여느 때와 다를 게 없었다. 이날 나에게 배정된 것은 주방의 그릇 선반을 닦는 일이었다. 보통의 찬장이 아니라 출입구 옆에 있는 선반. 칸칸이 겹쳐진 사기 접시를 하나하나 옮기고 바닥의 먼지를 닦았다. 혹시 깨기라도 하면 어쩌나, 등에서 땀이 흐를 정도로 긴장했다. 몬트리올에서 룸메이트의 에스프레소 커피메이커 주전자를 깨뜨려 마음고생을 했던 탓일까? 커다란 사기 접시는 무거웠고, 소스용 그릇은 겹쳐놓을 때 무척 조심스러웠다.

일을 끝내고 나서 주방의 부책임자 조코에게 솔직하게 말했다. 그릇을 깰까 봐 무척 걱정했다고. 조코가 눈을 크게 뜨고 말했다. "그릇을 깨더라도 걱정하지 말아요. 당신은 최선을 다한 거잖아요."

조코는 벨기에 출신의 여성 스태프. 프랑스어가 모국어이지만, 그의 영어는 유창했다. 2주 전 함께 식사하면서 나누었던 대화가 인상적이었다. 그는 브뤼셀에 무슬림 학생이 매우 많다고 말했다. 내가 이슬람 사회에서 초월적 엑스터시를 추구하는 신비주의자 수피의 영향력이 적지 않았다고 하자, "맞아요. 그런데 무슬림 권력자와 왕 들은 수피를 좋아하지 않았지요"라고 강조했다. 다른 종교에 관심이 많아 보였는데, 성격도 이렇게 시원시원하다니. 키도 눈도 큰 그가 더욱 매력적으로 보였다.

선반을 다 닦고 나니 오후 4시 45분. 주방 지하에서 양파껍질을 까다가 저녁 미사에 참여했다. 과들루프를 기념하는 저녁 미사는 키에렌 신부님이 집전했다. 신부님의 말씀은 알아듣지 못했지만, 그가 과들루프 성모마리아에 얼마나 감동하고 있는지 분위기만으로도 느낄 수 있었다. 눈물이 그렁그렁한 채 목소리는 떨렸다. 어쩌면 저토록 충만한 감정으로 강론할 수 있을까. 순수하고도 기쁨이 가득한 태도에 감동했다.

아이처럼 즐겁게 노는 저녁 파티

과들루프 축일의 저녁 식사 메뉴는 멕시칸 요리. 무슬림이 먹는 '난'과 비슷한 얇고 넓적한 빵에 매콤한 콩과 쌀 요리를 얹어 먹었다. 이곳에 오기 전 몬트리올의 교회에서 친구가 되었던 멕시코 출신의 마르가리타, 아르헨티나에서 온 미리암과 함께 가보았던 멕시칸 식당의 음식과 비슷한 맛이었다.

식사가 끝나고 다이닝 홀의 식탁과 의자를 모두 치웠다. 본격적인 파티 시작. 과들루프 성모마리아 앞에 후안 디에고가 장미를 바치는 내용의 짧은 연극이 끝나고, 며칠 동안 연습했던 팀이 스페인어로 노래를 불렀다. 스페인어가 유창한 20대 게스트 캐서린, 30대 수련생 데릭, 농장에서 일하는 폴. 남미풍의 음악은 경쾌했다.

이어서 키 작고 뚱뚱한 할아버지 신부님, 내가 속으로 '데스마스크'라고 별명을 붙인 키 크고 무표정한 여성 스태프가 재미있는 콩트를 했다. 신부님의 연기는 푸근하면서도 아이 같았고, 데스마스크 스태프의 얼굴에서는 표정이 살아났다. 다음에는 마돈나하우스의 여성 스태프 세 사람이 우스꽝스러운 코스튬을 입고 춤을 추었다. 남미식 막춤인가? 한국의 민속무용가 공옥진 씨가 추었던 '곱사춤' 같은 우스꽝스러운 춤에 모두 배꼽을 잡았다. 코스튬을 뒤집어썼을 때는 누가 누군지 몰랐는데, 인사할 때 보니 세 사람 중 두 사람은 내가 아는 스태프들. 인도에서 이민 온 사람과 브라질에서 온 엘리아나였다.

춤이 끝날 즈음에는 데스마스크 스태프가 패트병을 세워놓고 볼링을 진행했다. 이토록 단순한 게임에 다이닝홀은 웃음바다가 되었다. 키에렌 신부님도 흥을 참지 못했다. 혼자 나서서 사람들에게 파도타기를 시키는데, 그토록 엉성한 파도타기를 어쩌면 그렇게 재미있어할까. 순수한 열 살 소년이 따로 없었다.

파도타기가 끝나고 열기도 식힐 겸 주방에서 주은 씨와 사과주스를 마셨다. 잠시 후 메인 홀로 돌아오니 뜻밖의 광경이 펼쳐졌다. 홀 한가운데 농장 디렉터인 '훈남'

스콧과 나의 송곳 리나가 춤을 추고 있었다. 다른 20여 명은 기차놀이를 하고. 게다가 조금 전에는 키에렌 신부님과 은수 씨가 춤을 추었다니 안타까웠다. 이 좋은 기회를 놓치다니 어쩌나.

이렇게 하루를 보내고 나니 과들루프 축일이 무엇인지, 왜 이들이 예수의 어머니 마리아의 발현을 기념하고 축하하며 아이처럼 즐겁게 노는지 감이 왔다.

콜럼버스의 미국 대륙 발견 이후 유럽의 가톨릭이 중남미로 퍼져 나갔고, 중남미 대륙의 주요 종교가 가톨릭이라는 건 알고 있었다. 하지만 인도의 불교가 동쪽으로 건너와 중국, 한국, 일본의 독특한 불교문화를 만든 것처럼, 가톨릭도 중남미 대륙에서 자신들만의 가톨릭 문화를 형성하고 독자적인 축제를 즐겨왔음은 알지 못했다. 나에게 마돈나하우스에서 보낸 과들루프 축일은 종교를 매개로 한 세계의 교류와 문화의 확장을 다시 한번 확인하는 계기였다.

다른 문화권의 가톨릭 축제를 대단한 축일로 기념하는 마돈나하우스의 문화가 매력적으로 보였다. 이처럼 마돈나하우스가 다른 문화에 열려 있는 것은 설립자 자신이 러시아 이민자인데다, 세계 20개국에서 온 사람들이 함께 살고 있기 때문이 아닐까.

과들루프 축일을 계기로 색다른 가톨릭 문화를 체험하면서 마돈나하우스의 삶이 단조롭거나 지루하지 않을 수 있는 힘이 어디서 오는지 발견했다. 여기에는 종교적 영성과 함께 일상을 예술로, 삶을 축제로 만드는 공동체의 지혜가 있었다. 나는 그 지혜와 매력에 점점 더 빠져들었다.

생태 화장실을 청소하는
수련생

 마돈나하우스의 화장실은 잊을 수가 없다. 숙소에서 잘 때만 실내 수세식 화장실을 이용했다. 그 외에는 실외의 목조 생태 화장실을 이용했다. 좌식 양변기를 놓았을 뿐 완전 재래식. 영하 17도 날씨에 양변기에 앉을 때의 선뜩한 차가움은 머리가 쭈뼛 설 정도였다. 동양도 아닌 서양에서 이런 화장실을 사용하다니. 내게는 이 화장실이 '단순한 삶'을 실천하는 마돈나하우스의 상징처럼 보였다.

 생태 화장실을 매일 깨끗하게 청소하는 사람이 있었다. 20대 중반으로 보이는 아시아계 여성. 맑고 큰 눈에,

자르르 윤기 흐르는 검은 생머리를 질끈 묶어 말총처럼 찰랑거리고 다녔다. 걷는 모습은 선머슴처럼 성큼성큼, 목소리는 우렁우렁. 눈에 띄지만 말수가 적었던 그를 함께 청소하면서 알게 되었다.

청소가 노래가 되고 기도가 되는 시간

매주 목요일 오전은 청소하는 날. 마돈나하우스 공동체 전체가 각자 정해진 구역에서 청소를 했다. 어느 목요일, 나는 여자 게스트 숙소의 실내 청소를 배정받았다. 먼저 도착해 기다리고 있으니 생머리를 한 젊은 여성이 들어왔다. 그는 여자 게스트 숙소의 실내·화장실·샤워실 청소를 위한 매뉴얼을 보여주었다. 매뉴얼이 얼마나 자세하고 빼곡한지 놀랄 정도였다.

침대 아래 마룻바닥을 쓸고 닦고. 세면대 위 거울은 신문지에 세제를 묻혀 닦고. 화장실, 세면대와 샤워부스는 각각 사용하는 수세미를 찾아서 닦았다. 집에서 이렇게 깔끔하게 욕실을 청소한 적이 있었던가? 며칠 전 캐서린 도허티의 책에서 읽었던 "청소를 기도하는 마음으로 한다"는 말이 생각났다.

방 하나, 서랍과 선반 하나 정돈하지 못하면서 어떻게 세상을 주님께 되돌려놓을 수 있을까요? 빗자루로 바닥을 청소하는 동안 당신은 성인이 될 수 있습니다. 청소가 곧 노래가 되고, 사랑과 속죄의 기도문이 되길 바랍니다.

고요한 마음으로 한 시간쯤 쓸고 닦으니 청소는 끝났다. 청소하며 알게 된 그의 이름은 알렉스. 베트남계 미국인으로 정식 스태프가 되기 위해 수련생 과정을 밟고 있었다. 그 후 알렉스와의 목요일 청소 시간을 기다렸다. 그와 함께하는 시간이 즐겁기도 했지만, 더 솔직하게 말할까? 그때만은 숙소의 수세식 화장실을 이용할 수 있어 실외 목조 화장실 차가운 변기에 앉을 때의 오싹함을 피할 수 있었다.

무술을 좋아했던 대학생

시간이 흐르며 우리는 친한 친구가 되었다. 그가 나를 한국 발음으로 '언니'라 부를 정도였다. 어느 오후 단둘이 오랜 시간 세탁실에서 진지한 이야기를 나누었다. 무섭도록 빠르게 변하는 세상에서 이 젊은 미국 여성은 왜 마돈나하우스의 공동체 생활을 자신의 소명으로 생각하는지 알고 싶었다.

원래 가톨릭 신자였나요?

"아버지의 고향은 가톨릭 신자가 많은 북베트남 지역이에요. 엄마는 불교 신자였지만 어릴 때부터 수녀원에서 운영하는 학교에 다녔어요. 엄마는 미국에서 유학하던 아버지와 결혼하면서 가톨릭 신자가 되었지요. 나는 독실한 가톨릭 신자가 많은 환경에서 자랐어요. 우리 가족은 식사 전에 반드시 기도를 했지요. 말하자면 모태신앙이지만 17세에 '견진성사'를 받으면서 하느님과 더 깊은 관계를 맺고 싶은 욕구가 강해졌어요. 대학에 들어가 가톨릭 학생 모임에 참여했지요. 신부님, 어른 평신도, 가톨릭 학생 몇 명이 참여하는 모임이었어요. 성경 공부도 하고 수련회 등 행사 준비도 했어요."

마돈나하우스는 언제, 어떻게 알고 오게 되었나요?

"그 모임에서 어떻게 사는 것이 올바른 길인지 많은 대화를 하다가 마돈나하우스를 알게 되었지요. 2003년 대학교 2학년 때였는데 '구글' 같은 좋은 직장에 취직하기 위해 컴퓨터공학을 전공하고 있었어요. 주짓수, 아이키도, 유도 같은 무술에 재능이 있어 매일 훈련과 시합을 했고, 파티 등 하고 싶은 것이 많아 늘 바빴어요. 남자친구도 있었고요. 그런데 마돈나하우스의 컴버미어 성모상 앞에서 기도하며 마음에 큰 변화가 일어났지요."

어떤 변화인지 물어봐도 될까요?

"3개월 후 남자친구와 헤어지고, 전공을 종교학으로 바꾸었어요. 그해 여름 다시 마돈나하우스에 머물며 나중에 나의 영적 상담자가 된 신부님과 많은 이야기를 나누었지요. 그 후 1년에 두 번씩 여름에 한 달, 그리고 부활절 방학에도 왔어요. 졸업이 가까워지면서 이곳 스태프가 되기 위한 준비 과정에 참여해야겠다고 결심했어요."

부모님은 반대하지 않았나요?

"2004년 크리스마스 즈음 어머니가 졸업하고 뭘 할 거냐고 물었어요. 마돈나하우스에 있겠다고 얘기했지요. 부모님은 크게 화를 내셨어요. 가족이 다니던 성당의 신부님은 나와 대화한 다음 이해해주었지만 부모님은 여전히 반대하세요. 마돈나하우스에 오면서 부모님과 큰 갈등이 생겨 10년, 20년 동안 대화도 못 하고 지내는 사람도 많아요. 그래서 함께 가족을 위한 미사를 드리며 서로를 위로하기도 해요."

다른 갈등이나 어려움은 없었나요?

"부모님과의 관계뿐 아니라 마돈나하우스 스태프가 되기 위한 과정을 시작하는 게 맞을까 고민이 많았지요. 이곳은 게스트 등 새로운 사람들이 찾아오고, 늘 사람들과 함께 지내야 하는데 괜찮을까 걱정했어요."

마돈나하우스에서 어려운 문제나 고민이 생겼을 때는 어떻게 해결하나요?

"주로 영적 상담자 신부님과 대화합니다. 공동체 안에서 멘토나 친구를 만드는 것도 중요하고요. 나보다 몇 살 많은 30대 선배들이 경험한 이야기가 도움이 돼요. 또 20~50년 동안 마돈나하우스에 사셨던 분들과의 대화에서도 지혜를 얻어요."

이곳에서 어떤 기쁨을 발견하고 있나요?

"단순한 생활에서 많은 걸 배워서 좋아요. 추운 겨울

에는 힘들 때도 있지만 화장실을 청소하면서도 배우는 게 있지요. 여기 온 지 9개월 정도 됐을 때는 주방에서 일했어요. 계속 음식 만드는 게 힘들기도 하지만 누군가에게 음식을 먹으며 기쁨을 느끼게 하는 건 정말 근사한 경험이에요. 이곳에서는 평범한 일상에서 사랑과 아름다움을 마주할 수 있어요. 노을, 나무, 꽃에서 발견하는 아름다움뿐 아니라 오래된 책상이나 바느질하는 노인의 모습에서도 아름다움을 볼 수 있지요."

연애나 결혼에 대해 어떻게 생각해요?

"나는 지금 마돈나하우스와 약혼했다고 할 수 있어요. 마돈나하우스 스태프가 되고 싶다는 건 마돈나하우스와 결혼하고 싶다는 마음가짐과 목표로 준비 기간을 갖는 것이지요. 하지만 결혼하고 싶은 사람들도 살면서 서로 다름을 깨닫거나 같이 살 수 없다고 판단할 수도 있고, 새로운 사람을 만날 수도 있어요. 마찬가지로 마돈나하우스에서 2년 동안 수련생 과정을 거치면서 마음이 변할 수도 있고요. 여기서 자신의 파트너를 만나 떠난 사람도 있어요. 그것도 하느님의 뜻이지요. 하지만 지금 나는 하느님이 내가 여기 남기를 바란다고 느껴요."

이곳에서 공동체 생활을 하는 것이 알렉스의 소명이라는 것인가요?

"모든 사람은 하느님에게 향하는 소명이 있다고 생각해요. 그건 사람마다 방식과 장소가 다를 거예요. 나에게는 지금 마돈나하우스가 소명이지요. 나는 젊으니까 여러 개의 문이 열려 있고, 그중에서 선택하면 돼요. 마돈나하우스를 향해 문을 열고 들어가면 다른 삶, 예컨대 직업이나 연애로 향하는 문은 닫힐 수 있어요. 하지만 지금 나에게는 마돈나하우스가 내가 선택하고 싶은 가장 큰 문이지요."

그 소명에 큰 힘이 되어주는 건 무엇인가요?

"공동체 사람들이지요. 마돈나하우스의 총 디렉터 수잔, 메인하우스 디렉터 캐시, 필리핀계 스태프 빅토리아, 나의 부서장, 하우스 마더 등 모든 사람의 도움을 받아요. 영적 상담자 신부님과의 대화도 소중하고요. 내가 성장하고 있음을 느끼고 있으니 소명이 지속되는 것 같아요."

알렉스의 영적 상담자 폴 신부님은 좀 터프해 보여요.(웃음)

"겉으로만 그래요. 그가 마돈나하우스에 오게 된 계

기가 무엇인지 들었나요? 그는 부유한 치과의사였는데 가톨릭으로 개종하면서 여기 오게 되었고, 수년 후 신부가 되었어요. 하지만 그의 부모님은 몇 년 동안 그와 말도 섞지 않았대요."

부모님이 마돈나하우스에서의 스태프 생활을 반대하는 것에 대해 어떻게 생각하나요?

"누구나 부모에게서 독립해 나만의 인생을 살아가야 하는 때가 있지요. 부모님이 나를 걱정할 수는 있지만 그게 나의 문제는 아니에요. 여기서 행복하고 보람을 느껴요. 이 생활은 나의 기쁨이고 사랑입니다. 부모님의 걱정에 영향받고 싶지 않아요. 나는 행복하고 자유로워요."

미국에서 친했던 친구들은 당신을 이해하나요?

"이해하는 친구도 있고 못 하는 친구도 있어요. 내가 이메일도 주고받지 않으니까 점점 멀어지지요. 하지만 이 또한 하느님의 뜻이라고 생각해요. 마돈나하우스의 스태프가 되기를 원한다면 과거의 인연은 버리고 나아가야 해요. 텔레비전도 보지 않고 인터넷도 사용하지 않으니까 보통 사람들과 대화가 어려워요. 그들이 나쁘다는 게 아니라 나는 새로운 목표에 집중해야 해요."

나는 여기서 가끔 휴대폰이나 인터넷을 사용하고 싶을 때가 있어요.

"공감해요. 그런데 이것은 일종의 가난함이라 할 수 있어요. 가난함과 단순함은 통하지요. 인터넷이 있으면 질문에 대한 답을 쉽게 찾을 수 있지만, 여기서는 다른 사람과 대화하거나 책을 읽어야 해요. 번거롭지만 더 좋은 것 같아요."

인간관계로 갈등을 겪을 때는 어떻게 하지요? 여러 사람과 함께 지내는 게 힘들 때도 있을 텐데.

"갈등을 겪는다는 것은 하느님이 나에게 무언가 가르치려 한다는 뜻이지요. 내가 하느님이나 이곳 선배에게 아픔과 갈등에 대해 털어놓으면 하느님은 나에게 더 큰 사랑을 베풀어주세요. 수년간 다른 스태프와 갈등이 있는 경우, 여기서는 가끔 두 사람을 같은 하우스에 배치해 매일 보게 해요. 몇 개월 또는 몇 년 후, 그들은 새로운 형태의 관계나 유대감이 생기기도 해요. 오래 함께 일하거나 역경을 극복하면서 만들어지는 유대감도 있고요. 이건 큰 축복이지만 머리로는 이해해도 마음으로는 쉽게 받아들이지 못하는 경우가 있어요. 마음은 상처받기 쉬우니까요."

나에게 상처를 준 후배를 2~3년 동안 노력해서 용서했어요. 그런데도 가끔 꿈에 나타나요.

"나도 가끔 용서에 대해 고민해요. 상대가 나쁜 사람으로 보일 때가 있잖아요? 하느님이 어떻게 악한 사람을 통해 행동하지? 이럴 때 용서를 어떻게 해야 하나 고민해요. 이건 나의 문제가 아니라 상대의 문제가 아닌가 싶어요. 하지만 이럴 때 우리는 하느님이 내게 주신 사랑과 자비를 기억해야 하지요. 『성경』에는 나에게 상처를 주는 사람은 영적으로 아픈 사람이라는 말이 나와요. 몸이 아픈 사람은 아프기 때문에 계속 기침을 한다고 말이에요. 나에게 상처를 준 사람은 상처를 주고 싶어서가 아니라 영적으로 아파서 본인을 주체하지 못해서 그러는 것일 수도 있어요.

또는 많은 경우 내가 상처받고 공격당할까 봐 내면에 숨기고 있는 무언가를 보지 못해서 생기는 상황이 있어요. 우리는 어릴 때부터 세상으로부터 '강해야 한다', '건강해야 한다', '사람을 쉽게 믿지 말아야 한다'고 배우잖아요. '세상이 나에게 상처를 줄 수 있고, 그걸 막기 위해 마음을 닫아야 한다'는 생각과 '하느님은 세상을 통해서 우리에게 사랑을 베풀고, 그 사랑을 열린 마음으로 맞이해야 한다'는 생각이 충돌해 갈등이 생기는 것 같아요. 그래서 신부님과 이야기하는 게 좋아요. 구체적인 예를 들면서 이야기할 수 있으니 영적 상담이 도움이 돼요."

거침없이 명료하게 답하던 알렉스

알렉스는 겉모습만 또랑또랑한 게 아니었다. 어떤 질문을 해도 명쾌하게 대답했다. 자신이 마돈나하우스에 왜 있는지, 어려움은 무엇이고 어떻게 해결하고 있는지, 무엇을 배우고 있는지. 세계 어디서나 종교의 힘이 약해지는 상황이지만, 컴퓨터공학을 전공하고 무술을 좋아했던 젊은 여성 알렉스는 이렇듯 자신의 삶과 소명에 대해 분명한 답을 갖고 있었다.

그가 청소하는 생태 화장실은 너무나 정갈해서 아름답다는 말이 아깝지 않았다. 내가 머물렀던 겨울뿐 아니라 여름에도 냄새가 나지 않을 만큼. 청소를 기도하는 마음으로 노래하듯 사랑하듯 담당하던 알렉스는 십수 년의 세월이 흐른 지금 마돈나하우스의 스태프로 그곳에 살고 있다.

간절한 기도와
따뜻한 유머가 담긴 추도식

12월 14일 금요일, 늦잠을 자도 되는 날이다. 1985년에 90세의 나이로 영면한 마돈나하우스의 설립자 캐서린 도허티의 22번째 기일. 평소보다 늦은 오전 10시 30분에 추모 미사로 하루를 시작한다고 했다. 종일 일하지 않고 기도와 묵상이 이어지는 특별한 날. 모두 정성 들여 옷을 입었다. 나도 침대 옆자리 친구 카타리나의 검은 체크무늬 모직 스커트를 빌려 입었다.

저벅저벅, 투명하게 쏟아지는 오전 햇살을 받으며 눈길을 걸어갔다. 세인트 메리에서의 미사. 함께 부르는 〈가난한 이들의 외침 The Cry of The Poor〉의 가사와 멜로디가 마음을 울렸다.

　　미천한 이들이 듣고 기뻐하리라
　　주님이 그들의 간청을 들어주시며
　　마음을 다친 이들 가까이에 그분이 있다네
　　가난한 이들의 외침에 귀 기울이려고
　　모든 상처받은 영혼을 구원하시고
　　그들의 생명을 대속하여
　　그들이 두려워할 때 안식처가 되어준다네
　　가난한 이들의 외침에 귀 기울이려고

　가난한 이들의 고통에 귀 기울이는 주님에 대한 노래. 나도 모르게 눈물이 흘렀다. "가난하고 단순한 삶이 곧 내 안의 하느님을 만나는 삶이다." 이 정신을 강조하며 마돈나하우스를 설립했던 캐서린 도허티. 그는 어떤 삶을 살았을까?

마돈나하우스를 설립하기까지

　캐서린 도허티는 1896년 러시아 니즈니노브고로드의 귀족 가문에서 태어났다. 아버지의 직장 때문에 어린 시절 많은 곳을 여행했던 그는 15세에 사촌 보리스 후에크와 결혼했다. 제1차 세계대전 당시에는 러시아 전선에서 남편은 엔지니어로, 캐서린은 간호사로 일했다.

러시아혁명이 일어난 후 두 사람은 영국을 거쳐 1921년 캐나다로 이주해 아들을 낳았다. 몇 년 후 남편 보리스와 이혼한 캐서린은 1930년대 초 토론토 빈민가에서 평신도 사도로서 가난한 사람과 함께하는 삶을 시작했다. 당시에는 평신도 사도직의 공동체 조직이 초기 단계였다. 이 분야의 선구자였던 미국의 도로시 데이는 캐서린을 이해하고 응원해준 몇 안 되는 사람 중의 하나였다. 캐서린이 '아시시의 성 프란체스코'의 영성을 구현하는 급진적인 복음의 삶을 실천하면서 젊은 남녀 신도들이 모여들었다. 공동체의 이름은 '우정의 집'이었다.

1930년대 대공황 시기에 '우정의 집' 회원들은 음식과 옷을 기부받아 가난한 사람을 환대하는 운동을 펼쳤다. 〈사회 포럼The Social Forum〉이라는 신문도 발간했다. 그러나 캐서린 도허티는 러시아 이민자라는 이유로 오해와 비방을 받았고, 1936년 '우정의 집'은 문을 닫아야 했다.

토론토를 떠난 캐서린을 초대했던 사람은 미국의 유명한 민권운동 지도자 존 러파지John lafarge 신부였다. 그는 캐서린에게 뉴욕 북부 할렘에 '우정의 집'을 열자고 제안했다. 할렘에서 '우정의 집'을 새로 시작한 캐서린은 전국을 다니며 인종차별 규탄 운동을 했다. 당시 뉴욕 추기경의 지지를 얻었고 그녀를 중심으로 작은 공동체가 형성되었다. 하지만 '우정의 집'은 다시 실패로 끝났다. 운동가들 사이의 분열이 큰 원인이었다.

1943년 미국인 기자 에디 도허티와 재혼한 캐서린은 1947년 캐나다 온타리오주의 컴버미어로 왔다. 당시 캐서린은 '우정의 집'을 실패한 트라우마 때문에 은퇴를 생각하고 있었다. 그러나 컴버미어 지역의 이웃을 대상으로 봉사활동을 하면서 가톨릭 평신도를 위한 훈련센터를 열었다. 그리고 청빈, 순결, 순명을 약속하는 사제와 평신도 공동체, 마돈나하우스를 설립했다. 이듬해 캐서린과 남편 에디는 순결 서약을 한 후 공동체 안에서 독신 생활을 했다.✤

"우리는 가난해져야 합니다"

캐서린에게는 신앙의 비전이 있었다. 가장 중요한 것

✤ 『Catherine de Hueck Doherty』, David Meconi S. J., Orbis Books, 2009.

은 동방정교회의 영적 직관을 북미 가톨릭과 연결하는 것이었다. 그 비전에 따라 캐서린은 1960년대에 서구에는 알려지지 않았던 뿌스띠니아를 소개했다. 러시아어로 '사막'을 뜻하는 뿌스띠니아는 고독, 기도, 금식을 통해 하느님을 만나는 곳이며, 자신을 비우는 곳이었다.

마돈나하우스의 사제와 남녀 평신도는 낮은 곳에서 평범한 삶을 살았던 예수를 따라 '나사렛의 삶'을 살았다. 일상의 삶과 신앙을 연결하는 것도 그의 중요한 비전 중 하나였다. 신학과 철학은 물론이고, 농업, 목공, 요리, 세탁, 미술, 연극 모두가 기도였다. 필요한 것은 구걸하고 나머지는 기꺼이 내주는 삶이었다. 그리고 주교들의 초대를 받아 북미, 남미, 유럽, 러시아, 아프리카, 서인도제도의 농촌과 도시에 필드하우스를 열었다.

캐서린 도허티는 왕성한 집필가이자 강연자였다. 직접 집필하거나 녹취를 기반으로 한 책이 십여 종 있고, 강연록은 차고 넘친다. 단순 명쾌하면서도 시적인 것이 특징인 그의 말과 문장. 그중에서 특별히 와닿았던 부분을 정리해보았다.❖

❖ www.catherinedoherty.org

현재 교회는 너무 구조화되어 있습니다. 그 구조로부터 해방운동을 시작해야 합니다.

교회는 기도입니다. 노래입니다. 교회는 온 인류의 눈물입니다. 교회는 어린아이의 미소입니다. 그리스도의 몸과 피를 주는 곳이 교회입니다. 기쁨과 위안, 희망을 주는 곳이 교회입니다.

우리 모두 마음으로 무릎을 꿇고 우리의 일상에서 교회가 무엇인지, 교회의 회복을 위한 우리의 역할이 무엇인지 하느님께 청해야 합니다.

가난을 자신의 여인이라 불렀던 성 프란치스코를 기억합니다. 나에게 가난은 내가 걷는 곳에서 걷고 내가 먹는 곳에서 먹고, 내가 자는 곳에서 잠을 자는 쌍둥이 자매에 가깝습니다. 가난은 마음의 순결과 관련이 있습니다. 마음의 순결은 끊임없이 넘어지는 연약한 사람들에 대한 사랑입니다. 약하지 않은 사람이 어디 있겠습니까? 모든 사람이 약하고 넘어집니다. 약한 사람들을 치유하고 회복하기 위해 하느님이 오셨습니다. 마음이 깨끗한 자들이 하느님을 볼 수 있습니다. 약한 자들 안에 하느님이 계십니다.

마음의 순결은 그리스도께서 사랑하신 것처럼 사랑하는 능력으로 이해해야 합니다. 마침내 약한 자들과 타락한 사람들 안에서 하느님의 얼굴을 볼 때, 그 시선 또한 자기 자신에게로 향하게 됩니다. 나 자신을 알지 못하면 이 순수한 마음은 내 안에 뿌리를 내릴 수 없습니다. 내가 말하는 가난은 자신과 타인에 대한 이해를 통해 오는 사랑의 열매, 즉 마음이 순결한 모든 이에게 오는 거대하고 놀라운 사랑입니다. 이런 일이 일어나도록 허용하는 것은 가난의 심연으로 들어가는 것을 의미합니다.

우리는 가난해져야 합니다. 평범한 삶을 살되, 하느님에 대한 열정적인 사랑으로 살아갑시다. 십자가 모양처럼 한 손은 하느님에게, 다른 한 손은 이웃에게 내미세요. 그리스도의 십자가는 우리의 혁명이 될 것이며, 사랑의 혁명이 될 것입니다.

앞에서 말했듯이 나는 특정 종교가 없다. 그러나 영성

을 추구한다. 종교적인 공간은 어디든 좋아한다. 절에 가면 부처님께 삼배를 올린다. 정서적인 불자佛子라고 해야 할까? 미션스쿨 중고등학교에 다니며 매주 채플에 참여하고 『성경』 수업을 들었기에 기독교 문화가 낯설지 않다. 그런데 캐서린 도허티처럼 가난과 사랑을 하느님의 삶과 연결 짓는 사람은 마돈나하우스에서 처음 접했다.

가난한 자들과 함께하려는 이들의 마음이 실제 가난한 사람에게 어떤 도움을 줄 수 있고, 어떤 결과로 이어지는지는 내게 중요하지 않았다. 이 마음을 공동체의 핵심 키워드로 삼으려는 태도가 소중하게 다가왔다. 감동이 밀려왔다.

내 안에서 간절한 기도가

캐서린의 기일은 평소보다 깊고 고요하게 지내는 자유로운 하루였다. 아침 겸 점심 식사를 마친 후 사람들은 각자 채플에서 묵상했다. 책을 읽거나 게임을 하기도 하고, 숙소에서 쉬기도 했다. 이 분위기를 뭐라고 해야 할까? 고독, 침묵, 웃음, 사랑이 함께하는 따뜻함과 편안함. 영성이 가득한 공기 탓인지, 나도 숲속 작은 채플을 찾아가 무릎을 꿇었다. 간절한 기도가 안에서 올라왔다.

"마돈나하우스에서 말이 잘 안 통해도 사랑으로 소통하며 서로 사랑할 수 있는 경험을 주셔서 감사합니다. 이 시간이 내 인생에서 소중하고 의미 있기를 기도합니다."

소중하고 의미 있다는 것이 무엇인지 생각하고 싶지는 않았다. 단순하지만 간절한 기도였다.

"부처님의 마음, 하느님의 마음을 갖도록 도와주세요. 내 건강, 내 성격, 내 특성, 내 한계를 자각하고 존중하되 그것을 고집하지 않기를 소망합니다. '작은 나'에 갇히지 않고 '참 나'를 확장하기를 기도합니다. 가정, 일터는 물론 나의 발이 닿는 곳에 사랑과 자비심이 충만하기를 기도합니다. '작은 나'에 갇혀 그것을 '진정한 나'로 착각하지 않기를 기도합니다. 무한한 나, 없는 나, 비어 있는 나로 다시 태어나게 도와주세요."

기도를 마치고 산책을 했다. 넓디넓은 설원, 눈이 시원해지는 풍경, 호수 같은 강이 펼쳐졌다. 강가로 가고 싶었지만 30센티미터 넘게 내린 눈 때문에 발이 푹푹 빠졌다. 걸어갈 수가 없었다. 추워서 눈물, 콧물이 흘렀다. 몸을 녹이려고 세인트 메리의 거실로 가니, 홍콩계 청년 앤드루가 책을 읽고 있었다. 창가로 설원이 내다보이는 호젓한 방, 벽난로 옆에서 혼자 책을 읽고 있는 앤드루는 완벽한 영화의 한 장면이었다. 평화로웠다, 내가 들어가면서 그 평화를 깨뜨리고 싶지 않을 만큼.

미사가 끝나고, 저녁 식사를 하러 메인하우스로 돌아가는 길. 신발을 갈아 신는데 키에렌 신부님이 말을 걸어왔다. "차 타고 갈래요?" 걸어서 10분 거리지만, 춥고 지친 나에게는 반가운 배려였다. 차에 타니 운전석에는 세인트 조지프에서 일하는 조안이 있었다. 조안은 체코에서 온 20대 후반의 여성. 두 사람 모두 고마웠다.

유머와 웃음이 가득한 추도식

저녁 식사 후 다시 세인트 메리의 강당에 모두 모였다. 캐서린 도허티와 함께 시간을 보냈던 사람들이 자신의 오래전 기억을 꺼내놓았다.

"캐서린이 마돈나하우스에 작은 공방들의 작업장인 세인트 라파엘을 만들자고 했을 때 나는 반대했어요. 그런데 내게 캐서린이 말하더군요. 당신은 예술가의 영혼을 가졌어요." 디렉터 수잔. 수학교사를 그만두고 마돈나하우스에 왔다는 그의 추억담에 이어 데이비드 신부님이 말했다.

"언젠가 피자를 먹는데 하나, 둘, 셋, 넷, 권하는 대로

다 먹었지요. 그때 캐서린이 내게 말하더군요. '그 피자를 먹으면서 아프리카의 아이들을 한번이라도 생각해봤어요?'(웃음)"

또 다른 60~70대 스태프들도 연단에서 이야기했지만, 말이 빨라 알아듣지 못했다. 그래도 인상 깊었던 것이 있었다. 1985년 캐서린 도허티가 사망한 지 20여 년. 추도식 때마다 거의 비슷한 기억을 나누었을 텐데, 어쩌면 남녀노소 저토록 깔깔 웃으며 즐거울 수 있을까? 따뜻한 유머와 웃음이 가득한 추도식은 우리의 엄숙하고 무거운 추도식과 너무도 달랐다.

캐서린 도허티의 기일은 마돈나하우스에서 보낸 8주 동안 가장 의미 있고 인상 깊은 날이었다. 나도 모르게 내 안에서 깊은 기도가 터져 나왔고, 마돈나하우스의 설립자 캐서린 도허티를 더 깊이 만날 수 있었다.

귀국하기 전까지 내게 남은 시간은 열흘 남짓. 이제는 이곳을 더 깊이 만나고 더 즐겨보자. 새로운 소망 하나가 움텄다.

수녀원 학교장이었던
카렌은 왜

드디어 카렌을 만났다. 카렌은 70세에 가까워 보이는 마돈나하우스의 스태프. 내가 그에게 관심을 가졌던 계기가 있었다. 여느 날처럼 다이닝 홀에서 여섯 명씩 모여 앉아 식사하는데 그가 물었다. "한국의 노동조합운동은 어떤 상황인가요?"

멀고 먼 캐나다의 가톨릭 영성 공동체에서 노인 스태프가 이런 질문을 하다니 신선했다. 알고 보니 그는 1960년대 마틴 루서 킹Martin Luther King과 함께 흑인 인권운동과 전쟁 반대운동에 참여했던 수녀원 학교장 출신. 32년 전 이곳에 합류하여 줄곧 마돈나하우스의 헌책방을 담당

해왔다고 했다.

그를 처음 만난 인연도 특별했다. 내가 토론토에서 마돈나하우스까지 다섯 시간 동안 버스를 타고 올 때 건너편 옆자리에 한 할머니가 타고 있었다. 버스에서 그가 함께 내렸고, 그때 마돈나하우스의 스태프라는 것을 알았다.

"그날 버스 안에서 은경이 마돈나하우스에 오는 게스트구나라고 감을 잡았어요. 하지만 너무 피곤해서 말을 걸지 못했어요. 캐나다 컴버미어에서 미국 워싱턴까지 왕복 90달러짜리 할인 티켓으로 20시간 동안 버스를 타고 오던 길이었거든요."

마돈나하우스를 만나기까지

그 나이에 돈을 아끼려고 20시간이나 버스를 타고 여행을 하다니. 무엇보다 1960년대 말 사회운동에 참여하다 마돈나하우스로 왔다는 그에게 더욱 호기심이 일었다. 대화를 청했지만, 회의 참석이나 노래 연습 때문에 일정을 잡기가 쉽지 않았다. 그러다 어느 일요일 오후 어렵게 둘이 만났다. 마돈나하우스에 어떻게 오게 됐는지에서부터 이야기를 시작했다.

마돈나하우스는 어떻게 알게 되었나요?

"마돈나하우스를 알기 전에는 수녀원 학교에서 학생들을 가르쳤어요. 동시에 베트남전쟁 반대운동, 흑인 인권운동에 참여하고 있었지요. 베트남전쟁이 끝나갈 무렵 몸과 마음이 너무 지쳐 있었어요. 당시 5주 동안의 휴가가 주어졌는데, 나를 치유할 장소를 찾기가 어려웠어요. 그때 친구가 마돈나하우스를 권유했어요. 마돈나하우스에 편지를 써서 나의 고통과 힘든 부분을 털어놓았는데, 와도 좋다는 답변을 받았어요.

그때는 지금과 달리 미국에 이런 공동체가 많지 않아 선택지가 거의 없었어요. 그런데 어떤 사건과 인연이 이어졌어요. 우연하게 마돈나하우스에 다녀온 사람을 자꾸 만나게 되었지요. 하지만 그때만 해도 마돈나하우스가 어떤 곳인지 전혀 몰랐어요. '캐서린 도허티는 멋진 기독교인을 만든다.' 내게 처음 마돈나하우스를 소개해준 친구의 말이 마음에 꽂혔어요."

캐서린 도허티의 첫인상은 어땠나요?

"서른한 살이었어요. 당시 미국은 끔찍한 곳이었어요. 존 F. 케네디에 이어 마틴 루서 킹이 살해되고, 우리 동네는 화재에 무너지고, 그해 학생 몇 명이 죽고, 친구들 몇 명은 감옥에 가고. 너무 힘든 시간을 보내고 있었어요. 목표나 계획도 없었고, 괴로운 이야기를 들어줄 사람이 필요했지요.

처음 여기 온 나를 저녁 식사 시간에 캐서린의 테이블에 앉혀주었어요. 캐서린은 새로운 게스트를 맞이하기를 좋아했대요. 캐서린 도허티는 고등학교 시절 '천주교의 사회교리' 수업에서 도로시 데이와 함께 들어본 이름일 뿐이었어요. 그때는 옆에 앉은 그가 누구인지도 몰랐지만 강력한 기운이 느껴졌어요. 어떤 계기로 이곳에 왔는지 털어놓았어요. 캐서린은 내 얘기에 집중해주었어요. 다른 사람들의 얘기로는, 그가 끼어들 틈이 없을 만큼 내가 말을 많이 했대요. '이 사람은 내가 왜, 무엇 때문에 여기 왔는지 제대로 이해하고 있구나' 하는 느낌이 있었어요. 캐서린 도허티 추도식에서 당신도 들었지요? 캐서린에게는 사람의 내면을 꿰뚫어 볼 수 있는 능력이 있었거든요."

마돈나하우스를 처음 만났을 때 무엇을 느꼈나요?
"이야기를 마치자 그는 내 손을 잡고 자신의 영적 상

담자에게 나를 소개했어요. 나는 그 신부님에게 내 안의 혼란스러운 에너지를 풀어냈어요. 초등학교 때부터 대학교 때까지 천주교 학교에 다녔고, 수녀로서 학생들을 가르쳤어요. 그런데 여기서 하느님에 관해 완전히 다른 이야기를 들은 거예요. '나는 지금까지 뭘 한 거지?' 자동차를 운전하며 기어를 바꾸듯 신기하고 어질어질했지요. 그런 경험은 처음이었어요.

캐서린은 친절했지만, 신앙적으로 나를 많이 밀어붙였어요. 당시는 바티칸 공의회 직후라 교회에 많은 변화가 일어났지요. 캐서린도 고민이 깊었어요. 교회 내 변화를 추구하는 사람들이 일으키는 여러 일 때문에 힘들어했지요. 나에게 미국의 교회에 대해 질문했어요. 당시 주변에 교회의 변화를 위해 움직이는 사람은 많았지만, '왜'에 대한 질문과 답은 부족했어요. 캐서린은 그 움직임과 변화의 필요성에 대해 계속 질문하면서 내 행동에 책임을 지도록 촉구했어요. 소속된 교회와 공동체에 대해 성찰하게 한 것이었지요. 캐서린과 이야기를 나누면서 나의 방향이 잘못되었다는 걸 깨달았어요. 나와 함께 교회도 망가뜨리고 있었던 거예요."

그 후 어떤 고민의 과정을 거쳤나요?

"5주일 동안의 마돈나하우스 생활이 끝나고 캐서린과 영적 상담자에게 나는 이제 뭘 해야 하느냐고, 주님께서 소명도 바꿀 수 있느냐고 물어봤어요. 당시에는 이미 내가 속했던 수녀회에 서원한 상태였어요. 그곳에서 크게 불행하지도 않았고 수녀회를 떠날 생각도 없었지요. 그런데 마돈나하우스에 와서 내가 있어야 할 곳은 여기고, 주님도 내가 이곳에 있기를 원하는 것 같아 고민이 되었어요. 신앙에서의 맹세는 정말 무거운 거라 쉽게 포기할 수 있는 게 아니거든요.

해답을 찾고자 캐서린에게 '주님은 나에게 무엇을 명할까요?'라고 물어봤어요. 캐서린도 쉽게 답하지 못했어요. 결국 본인도 잘 모르겠다면서, 5년 동안 수녀 생활을 한 뒤 다시 돌아와서 얘기해보자고 했지요. 영적 상담자 신부님도 동의했고요. 내가 너무 많은 걸 하고 있어서 나아갈 방향에 대한 정리나 정립이 필요하다고 했지요. 여기저기 발을 걸친 사람은 집중력이 약해 실제로는 아무것도 이루지 못한다는 거였어요. 일단 돌아가서 내 삶을 살다 보면 자연스럽게 깨달을 거라고 했지요. 살면서 겪는 일이나 만나는 사람을 통해 하느님이 무엇을 원하는

지 확실하게 알 수 있다는 얘기였어요.

다시 학교로 돌아갔지만, '교장'이라는 위치는 녹록지 않았어요. 마돈나하우스에 살면서 작은 것에 관심을 쏟는 삶의 방식에 익숙해져 학교에서의 삶과 행동 모두가 너무 화려해 보였어요. 마돈나하우스에 머물렀던 5주 동안 내가 너무 변한 거예요. 진정으로 복음(예수의 가르침)을 사는 방법을 깨달았기에 예전의 삶으로 돌아가는 게 힘들었어요."

마돈나하우스를 소명으로 선택한 계기는 무엇인가요?

"그 후 5년 동안 1년에 4~5일 정도는 마돈나하우스에서 지냈어요. 마돈나하우스에서 9개월 동안 머문 적도 있어요. 하지만 미래가 확실하게 보이지 않아 고민하고 있었어요. 당시 우리 수도회에 책임자가 새로 왔는데, 나를 이해하지 못하는 사람이어서 힘들었거든요. 그래도 꿋꿋하게 버티다가 1974년 부활절을 기념해 금요일부터 나흘 동안 머물기 위해 마돈나하우스에 왔어요. 부활절이 가톨릭 신자에게 얼마나 중요한 행사인지 알지요? 그때 나는 일요일까지 아무런 계시가 들리지 않으면 수녀회로 돌아가리라 생각하고 있었어요.

그런데 돌아가기 전날인 월요일, 부슬부슬 비가 내렸어요. 세인트 조지프 근처를 산책하며 다리를 건너는 순간, 마음속에서 주님이 내 이름을 불렀어요. "프란치스코회를 떠나도 된다. 그곳에서 너의 소명은 끝났으니 마돈나하우스로 가거라." 그들이 나빠서가 아니었어요. 거기서 이룰 것은 다 이루었으니 다른 곳으로 옮기라는 말씀이었지요. 그 순간 깊은 평화가 찾아왔어요.

곧바로 영적 상담자에게 말했더니, 캐서린과 의논해보라 했어요. 캐서린은 세인트 라파엘 지하에서 장신구를 정리하고 있었지요. 이곳에 지원해도 되겠느냐는 나의 질문에 캐서린이 조언했어요. "이제 당신이 있던 곳을 떠나야 해요. 그러나 여기서 적응하지 못하면 프란치스코회에 다시 돌아갈 수 없어요. 아무것도 남지 않을 수 있어요. 알고 있지요?"

수녀회를 떠나오면서 어려운 일은 없었나요?

"다행히도 비교적 쉽게 수녀회를 떠날 수 있었어요. 수녀회를 떠나기 위해서는 로마교황청의 허락을 받아야 하는데, 당시는 세계적으로 교회 조직을 떠나려는 사람이 많아 허락받는 게 쉽지 않았지요. 편지로 떠나고 싶은 이유를 전하면 공동체에서 먼저 읽어요. 다음에는 워싱턴의 본교로 보내 심사받고, 그걸 로마로 다시 보내야 했지요. 주변에 보면 허락을 받지 못하거나 몇 달 심지어 1년 만에 회신을 받는 경우가 많았는데, 나는 6주 만에 허락을 받았어요. 이렇게 해서 스무 살 때부터 16년 동안 진심으로 몸담았던 수녀회를 떠날 수 있었어요."

그 후 32년 동안 헌책방 지킴이로

여기까지가 카렌이 수녀회를 떠나 마돈나하우스로 자신의 성소聖召를 바꾼 이야기다. 그의 이야기에는 몇 가지 인상적인 부분이 있었다.

수녀원 학교장이라는 안정된 소임을 버리고 1974년 마돈나하우스에서 새로운 삶을 시작했던 카렌. 그녀의 삶에서 1960~1970년대 미국 사회가 보였다. 인권운동과 반전운동에 투신했던 이 젊은 수녀는 치열했던 미국 사회의 진보적 운동이 쇠퇴하면서 함께 지쳐갔던 것이다. 지친 영혼에게 마돈나하우스가 나타났다. 그는 5년이라는 긴 시간 동안 고민하고 고민하여 새로운 성소를 선택한 것이다. 고민과 선택의 과정에 애정을 다해 함께했던 캐서린 도허티와 영적 상담자의 성실한 태도. 나에게는 그것이 참 귀하게 여겨졌다.

한국에서 학생운동과 노동운동을 하다가 새로운 선택을 했던 수많은 선후배와 동료. 운동 과정에서 지치고 힘들었던 마음을 우리는 어디에서 풀고 함께 대화했던가? 새로운 선택을 할 때 어떤 과정을 거쳤던가? 카렌의 종교적 선택과 나의 선택은 차원이 다르다. 그럼에도 성소를 바꾸기 위한 카렌의 여정은 나에게 울림을 주었다.

이렇게 힘든 결정을 했던 카렌, 그에게는 어떤 삶이 펼쳐졌을까?

"처음 마돈나하우스에 왔을 때는 페루 등 남미의 미션하우스나 급식소로 가기를 희망했어요. 하지만 첫 서원 이후 마돈나하우스의 헌책방을 맡아 32년 동안 일했지요. 여기 오기 전에는 수학과 과학을 가르치는 교사였지만, 책보다 외부 활동을 더 좋아했어요. 헌책방에서 책에 둘러싸여 지내는 삶은 재미있었어요. 보람 있고 멋진 인생이었지요."

지금은 책방이 문을 닫았던데요?

"겨울에는 닫아요. 처음 맡았을 때는 1년 내내 주 6일, 오전 9시부터 오후 5시까지 문을 열었는데, 지금은 5월부터 10월까지만 열어요."

책방에는 새 책도 있나요?

"다 기부받은 중고 책이에요. 책이 들어오면 여기서 책을 따로 분류하고, 책방 수익은 러시아에 있는 별관 운영비로 쓰여요."

책방은 누가 이용하나요?

"마돈나하우스 사람들 외에 마을 사람들도 많이 와요. 근처 사는 교수나 학생을 비롯해 가톨릭 신자가 아닌 사람도 많이 찾아와요. 지식의 측면에서 종교에 관심이 있는 사람들이지요. 누구나 자기 내면의 세계가 있으니 하느님을 넘어 다른 이야기도 나눌 수 있어요. 책 덕분에 많은 사람과 소통해요. 책은 좋은 대화의 문을 열어주잖아요. 대부분의 사람은 근본적으로 선해요. 사람들의 이야기를 들으면서 내면의 선함을 찾아 그걸 응원하고 지원하는 게 내 역할이에요.

누구나 인생에 불행한 순간이 있고, 거기에 갇혀서 힘들게 사는 사람이 많아요. 여기는 그런 것들을 내려놓고 사회적 지위나 명예에 신경 쓰지 않고 인간 대 인간으로 이야기를 나눌 수 있는 곳이에요. 그 사람의 내면을 마주 보면서 문제를 조금이나마 극복할 수 있게 도와줄 수도 있고요."

32년 동안 헌책방에 찾아오는 사람들과 대화하며 도움을 주었다는 카렌. 그의 형형한 눈빛과 단단한 목소리를 독자들에게 보여주지 못해 안타깝다. 카렌과 대화할 때 내 나이 47세. 십수 년이 지난 지금 내가 만났던 카렌의 나이에 다가가고 있는데. 나는 그때의 카렌이 지녔던 빛나는 눈빛과 열정 어린 목소리를 간직하고 있을까?

지금쯤 84세가 되었을 카렌, 그녀는 지금의 나를 만나도 여전히 형형한 눈빛으로 웃으며 이야기할 것이다. 카렌이 보고 싶다.

크리스마스가
다가온다

12월 16일 일요일, 주일 아침 미사 후 복숭아조림, 요구르트, 메이플 시럽으로 맛있는 아침 겸 점심 식사를 한 다음, 운동복으로 급히 갈아입었다. 오후 1시, 스키를 타려고 창고에서 발에 맞는 스키 신발과 폴대를 찾았다. 속으로는 걱정이 컸다. 몸도 부실한데 무리하는 거 아닌가. 스키는 타본 적이 없는데. 하지만 캐나다에서 이 추운 겨울, 이 좋은 기회를 날려버릴 수는 없었다. 버너뎃이 운전하는 차에 은수 씨, 카타리나, 알렉스가 함께 탔다.

5분 정도 언덕을 올라 농장에 도착했다. 농장 아래쪽 길을 따라 크로스컨트리 스키를 타기 시작했다. 크로스컨트리 스키는 눈 덮인 들판이나 언덕을 스키와 폴대로 이동하는 겨울 스포츠. 탈 만했다. 뜻밖이었다. 엔도르핀이 뿜어져 나왔다.

깊은 숲속에서 크로스컨트리 스키

날아갈 것 같았다. 캐나다의 시골 숲속에서 스키를 타는 기분이라니. 인공 스키장의 인파와 소음이 없는 깊고 고요한 산길. 가끔 스노 모터사이클을 탄 마을 사람들이 요란한 소리를 내며 지나갔다. 우리는 길을 비켜주며 그들을 향해 웃고 그들은 손을 흔들며 인사했다.

눈 덮인 언덕길에서 작은 오솔길로 접어들자 20대인 알렉스도 앞으로 나아가지 못하고 계속 뒤쪽으로 미끄러졌다. 스키를 타고 경사진 곳을 내려가는 건 쉬웠지만, 약간이라도 위쪽으로 올라가는 건 팔과 손에 힘을 많이 주어야 했다. 나도 겨우 난코스를 벗어났다.

한 시간 동안 많이 넘어지고 땀도 흘렸지만 내 옷은 거의 젖지 않았다. 방수 재킷과 방수 바지를 입고, 장갑도 두 켤레나 낀 덕분이었다. 은수 씨는 땀과 눈에 몸이 젖어 고생하면서도 스키를 더 타겠다고 했다. 하지만 나는 무리하면 내일 일어나지 못할 것 같았다. 카타리나, 알렉스, 버너뎃과 함께 농장에 들어가 따뜻한 차와 케이크를 먹었다. 허겁지겁 맛있게.

배를 채우니 힘이 났다. 다시 농장 언덕에 올라가 눈썰매를 탔다. 눈썰매의 매력은 위에서 아래로 미끄러지는 속도감도 있지만, 더욱 멋진 것은 언덕에서 내려다보는 설경이었다. 온통 눈 세상. 구름이 걷히며 그 사이로 푸른 하늘이 살짝살짝 얼굴을 내밀었다. 시야가 탁 트인 하늘을 눈에 담기만 해도 마음이 깨끗해지는 것 같았다. 명상하기 딱 좋은 장소였다. 눈썰매를 타면서 아이처럼 뱃속까지 시원하게 웃었다. 이런 웃음도 기도겠지.

다시 농장에 들어와 차를 마셨다. 온몸이 노골노골했다. 그러나 저녁 미사 시간에 맞춰 가려면 옷도 갈아입어야 하니 서둘러야 했다. 그런데 장갑이 보이지 않았다. 한참 이곳저곳 둘러보다 농장 스태프에게 물으니, "여기 있어요" 하며 난롯가를 가리켰다. 그는 내 장갑을 난롯가에서 말리고 있었다. 착하고 친절한 사람이었다.

게스트 숙소로 돌아와 나의 단벌 정장 자주색 모직 원피스로 갈아입고 저녁 미사에 참석했다. 자꾸 눈이 감겼다. 그래도 밤 9시 45분까지는 메인하우스에서 버텨야 했다. 일요일은 패밀리 나이트니까.

카드 만들고 장식하는 밤

본격적인 크리스마스 준비가 시작되었다. 12월 17일 월요일, 세인트 라파엘에서 카드를 만들었다. 재료는 주로 재활용품이다. 작년에 받았던 카드의 그림이나 도안을 오려 본드나 풀로 붙이거나 리본을 사용했다. 앤드루는 접었다 펼치는 예쁜 카드를 만들어 보여주었는데, 내게 그 샘플을 주겠다고 약속했다.

이렇듯 단순하게 종이를 오리고 붙이며 집중하는 시간. 평온했다. 서울의 가족과 친구를 위해 카드를 만들까 하다 마음을 바꾸었다. 마돈나하우스 사람들에게 보낼 카드를 만들자.

내 옆에서는 한 여성 스태프가 다른 나이 든 여성 스태프의 머리를 잘라주고 있었다. 사각사각 가위질 소리, 보글보글 주전자에 물 끓는 소리. 따뜻하고 조용한 장소에서 누군가를 위해 카드를 만드는 이 시간이 포근했다. 바깥은 코끝이 얼얼하게 추운 겨울밤이었다.

몸은 얼어도 따뜻했던 크리스마스 캐럴

12월 18일 화요일, 아침부터 즐거운 흥분으로 들썩거렸다. 저녁에 마돈나하우스 사람들이 마을을 돌며 캐럴을 부르러 나가는 날. 열흘 전 참여할 사람은 이름을 적으라고 했다. 나도 선뜻 이름을 적었다. 그런데 막상 당일이 되니 갈등이 생겼다. 감기 기운에 골반 근육통이 심했기 때문이다. 게다가 주은 씨는 "작년까지 나갔는데, 너무 추웠어요. 다시는 안 할 거예요"라고 했다. 얼마나 추웠으면 저런 말을 하지? 이럴까 저럴까 망설이다가 저녁 미사 시간에 기도를 했다.

"여기 와서 40일 만의 외출입니다. 바깥 공기를 맛볼 수 있고, 일반적인 캐나다 가정의 모습도 볼 수 있는 기회입니다. 함께 크리스마스 캐럴을 부르는 체험도 재미있을 것 같고, 하기로 한 걸 포기하고 싶지 않습니다. 내게 힘을 주십시오. 몸을 돌봐주세요."

없던 힘도 만들어주는 게 기도의 힘인가. 미사가 끝난 후 잔에게 얘기했다, 참가하겠다고. 다이닝 홀에 붙어 있는 조 편성표를 보니, 내가 속한 B조에 하우스 마더 잔과 키에렌 신부님이 있었다. 내가 좋아하는 사람들과 함께 노래하는 모습을 상상하니 두둥실 기분이 좋았다. 여섯 명이 한 조가 되어 차에 탔다.

처음 순서는 큰 집에 혼자 사는 할머니. 크리스마스 장식이 반짝반짝 빛나는 예쁜 거실 입구에서 노래를 불렸다. 〈징글벨〉, 〈루돌프 사슴코〉, 〈고요한 밤 거룩한 밤〉 등 대부분이 익숙한 노래였다. 매일 미사 시간에 성가를 부르는 사람들이라 그런가. 연습 한번 안 했는데 즉석에서의 하모니가 예술이었다. '똘똘이 스머프' 같은 잔은 소년 천사가 기쁨의 노래를 부르는 것 같았다. 키에렌 신부님은 테너 가수였다. 화음도 잘 넣고 음색은 더없이 투명하고 맑았다.

두 번째 집에서는 네다섯 살 난 아이 둘과 젊은 부부가 담요를 둘러쓰고 집 안에서 우리를 내다보았다. 작은 털복숭이 강아지도 함께. 그림 같은 장면이었다. 그들 가족을 축복하는 마음이 저절로 일어났다.

세 번째로 찾아간 집은 연립주택 형태의 아파트였다. 혼자나 둘이 사는 것 같았는데, 여기저기 문을 두들겨도 불이 꺼진 채 아무도 없는 집이 많았다. 어떤 집은 한참 벨을 누른 뒤에야 현관문이 살짝 열렸는데, 자다 깼다며 그 상태로 우리의 합창을 들었다.

다행히 날씨가 조금 풀렸고 옷을 많이 껴입어 몸은 춥지 않았다. 하지만 밤이 깊을수록 손과 발이 얼어 감각이 없어졌다. 겉에 끼는 큰 장갑을 차에 두고 내려 더 고생을 했다. 작은 면장갑 하나만 끼고 노래를 부르려니 손이 얼음장이었다. 따뜻한 집 안에서 우리를 내다보며 노래를 즐기는 사람들이 얄밉기까지 했다. '처음 들렀던 집의 할머니처럼 좀 들어오라고 하면 안 되나?' 몸이 얼어 힘이 드니 조금 전 노래할 때 행복했던 마음도 사라졌다. 이러면 안 되는데.

이렇게 속으로 툴툴거리는 나를 웃음으로 구원해준 사람들이 있었다. 카드 게임을 하다 나왔다는 세 명의 할머니. "춤출 수 있는 노래를 불러달라"고 부탁하고는 우리의 노래에 덩실덩실 춤을 추었다. 음정, 박자 무시하고 마음대로 몸을 흔드는 귀여운 할머니들. 이런 게 전 세계 할머니들의 막춤인가. "한국이나 캐나다나 할머니들 춤은 비슷하네요." 내 얘기에 모두들 한바탕 웃었다.

몸이 눈사람처럼 꽁꽁 얼어갈 때, 마지막으로 방문한 두 집이 나를 살려주었다. 한 집은 우리를 집에 들여 초콜릿을 주었고, 신부님에게는 헌금 봉투를 주었다. 마돈나하우스에 보낼 선물도 쇼핑백에 담아주었다.

마지막 집은 직접 끓여 만든 사과 차와 함께 쟁반 가득 예쁜 과자를 내왔다. 소파에 앉아 집주인과 도란도란 얘기를 나누었다. 농장에서 일하는 폴이 치즈 만들 때의 에피소드를 얘기하고, 가나에서 10년 동안 일하다 돌아온 필로도 자신의 얘기를 했다. 폴 신부님의 친구라는 집주인은 나무를 조각하는 예술가. 토론토에서 공부하는 딸, 결혼한 딸 등 가족사진으로 만든 달력도 보여주었다. 몸도 마음도 풀리는 따뜻한 시간이었다.

캐럴을 다 부르고 숙소에 도착하니 불이 꺼져 있었다. 다들 먼저 와서 자고 있나? 살금살금 들어가는데 누군가 스탠드를 탁 켰다. 은수 씨였다. 우리 팀이 제일 늦은 줄 알았는데 아무도 없었다. 다른 팀들은 밤 11시가 넘어서 돌아왔다. 모두들 눈빛에 생기가 넘쳤다. 얼마나 충만한 시간이었는지 말하지 않아도 알 것 같았다. 좋아하는 사람들과 화음을 만들어 누군가를 위해 노래하는 것, 특히 집집마다 돌며 한 사람, 한 가족을 위해 그들과 눈빛을 나누며 노래하는 것은 얼마나 아름다운 경험인가.

공동체도 좋고 기도와 하느님도 좋지만, 사람은 새로운 사람과 만나 즐거운 에너지를 주고받아야 생기를 얻는 것이로구나. 이 단순한 진실을 다시 한번 확인했다.

크리스마스를 맞이할 준비가 되어 있나

12월 19일 수요일, 은수 씨가 마돈나하우스를 떠났다. 그는 마돈나하우스에 내가 도착했을 때부터 좋은 친구였다. 은수 씨는 1년 전 은행 일을 그만두고 캐나다 에드먼턴으로 훌쩍 떠나 와 마돈나하우스 필드하우스에서 자원봉사를 했던 사람. 이곳 컴버미어 본부에 와서 두 달 정도 지내다 떠나려니 아쉬운 게 많다는 그를 보며 생각했다. '이제 9일 후면 나도 여기를 떠난다. 남은 시간 동안 후회가 남지 않게 보내자.'

은수 씨가 떠나고 텅 빈 듯 서운한 마음을 크리스마스트리를 장식하며 달랬다. 이 일에는 스태프와 게스트 모두가 참여했다. 현관 입구 담당한 사람, 계단 담당한 사람, 실외 크리스마스트리에 전등 연결하는 사람. 나는 메인하우스 다이닝 홀의 트리를 장식했다.

이곳의 작업 분담 시스템은 놀랄 만큼 세분화되어 있었다. 작년에 사용하고 잘 보관해둔 방울과 반짝이. 하나하나 포장을 벗겨내고 한쪽 테이블에 모은 다음, 스태프의 지시에 따라 리나, 산드라 나 세 사람이 방울과 반짝이를 달았다. 검수도 받았다.

잔은 현관에서 다이닝 홀로 가는 계단을 맡았다. 훌륭한 예술가였다. 자연에서 얻은 재료로 이토록 아름다운 조형미를 이룰 수 있다니. 테이블 위 천장에 매단 갈대로 만든 작은 십자가 장식은 단순하면서도 예뻤다. 열

홀 전 세인트 라파엘에서 만드는 법을 배웠다는데 나는 말을 못 알아들어 기회를 놓친 것이었다. 안타까웠다.

이렇듯 크로스컨트리 스키를 즐기고, 크리스마스 캐럴을 합창하고, 조용히 카드를 만들고, 크리스마스트리 장식을 하며 분주했던 시간. 나에게 새로운 질문이 싹트기 시작했다. 마돈나하우스에서 크리스마스는 어떤 의미인가? 당신의 마음은 크리스마스를 맞이할 준비가 되어 있나? 그 준비의 핵심은 무엇이어야 할까? 천천히 그 대답을 생각하는 나에게 크리스마스가 다가오고 있었다.

기도하고 일하고
사랑을 하고

12월 23일 일요일 오후, 제나의 생일 파티에 여성 게스트들이 초대받았다. 스물셋인 그는 내가 마돈나하우스에 온 지 얼마 안 됐을 때, 1년 동안의 게스트 생활을 끝내고 떠났다. 숙소에서 송별 파티를 할 때, 여성 게스트들은 눈물을 글썽이는 그와 뜨겁게 포옹하며 이별했다. 다시 못 볼 사람 같았다.

제나의 생일 파티

제나의 집은 걸어서 30분 정도로 마돈나하우스와 가까운 거리에 있었다. 집이 코앞인데 1년 동안 마돈나하우스에서 공동체 생활을 했다니 놀랍고 존경스러웠다. 마돈나하우스의 생활이 편하다고 할 수는 없기 때문이다. 때로는 홀로 자유로움을 즐기고 싶고, 자극적인 음식도 먹고 싶고, 텔레비전과 인터넷, 도시의 북적거림이 그리웠을 텐데.

이탈리아계 제나의 집은 작은 1층 단독주택. 집 안에 소박한 크리스마스 장식이 반짝거리고 있었다. 생일상은 과자와 차, 과일 등 단출했다. 부모님, 자매들과 함께 살고 있다는 제나는 넷 중 둘째. 생일 축하를 위해 여덟 살 막냇동생이 우리 앞에서 하프를 연주했다. 살짝 부끄러운 듯 바알간 볼. 서툴지만 귀엽고 사랑스러운 연주였다. 차를 마시며 제나와 이야기를 나누었다.

바로 옆에 편한 집을 두고 1년이나 마돈나하우스에서 생활하는 것이 힘들지 않았나요?

"어릴 때부터 부모님과 함께 마돈나하우스를 오가며 자랐어요. 아버지는 러시아정교회 소속으로 마돈나하우스의 미사에 참가해왔어요. 마돈나하우스와 그 문화에 익숙했기 때문에 어려운 것은 없었어요."

친구들에게 마돈나하우스에 관해 얘기하면 반응이 어때요?

"대부분 그렇게 불편한 곳에서 어떻게 사느냐며 놀라지요. 친구들은 '이제 뭐 할 건데?'에만 관심이 있어요. 영혼의 성숙과 성장, 하느님의 사랑에 대해서는 관심이 없어요. 깊이 있는 대화에는 한계가 있지요."

부모님은 마돈나하우스 커플

뉴욕에 가서 노숙자를 돌볼 거라는 제나. 그런데 내가 더욱 놀란 것이 있었다. 제나의 부모님은 마돈나하우스 커플이었다. 두 사람은 1980년대 초 마돈나하우스에 게스트로 왔다가 토론토로 돌아가는 버스를 우연히 함께 탔다. 버스에서 두 사람은 서로에 대해 긴 이야기를 나누었다. 그것이 인연이 되어 사랑을 하고 결혼을 했다. 제나의 아버지는 컴버미어의 성모상 앞에서 기도하며, 그녀가 진정한 짝이라는 것을 확신했다고 한다.

마돈나하우스의 순결 서약을 어겼다는 기색은 없었다. 밝고 당당했다. 생각해보니 두 사람이 부끄러워할 이유가 전혀 없었다. 이들처럼 마돈나하우스에는 이곳에서 만나 결혼한 커플이 가끔 다녀가고는 했다. 게스트는 물론 수련생이나 스태프로 있다가 사랑하게 된 두 사람이 마돈나하우스를 떠나는 것을 이상하게 여기거나 나쁘게 보지 않았다. 신선한 충격이었다.

"이곳에서 진정한 사랑을 만났어요"

게스트로 와서 사랑하는 사람을 만나 결혼한 젊은 한국인 여성 순나(가명)의 이야기도 흥미로웠다.

마돈나하우스에는 어떻게 가게 되었나요?

"마돈나하우스를 방문했을 때 스물다섯 살이었어요. 한국에서의 삶에 지쳐 있었지요. 생태적 삶을 추구하며 지방의 대안고등학교에서 공부했어요. 그림을 그리고 싶었지만 대학 입시에 번번히 실패했지요. 한 해 두 해 시간이 갈수록 불안했어요. '이 나이가 되면 대학을 졸업해야 하고, 직장도 있어야 한다.' 한국에서는 이런 압박감이 심했어요. 다행히 엄마 친구의 소개로 마돈나하우스에 와서 1년 동안 지낼 수 있었어요. 다른 문화, 다른 삶을 접하며 새로운 문이 열리는 듯했어요. 마돈나하우스에서 다른 젊은 게스트들을 만나며 가장 좋았던 건 모두가 똑같은 틀과 일정에 맞추어 살지 않아도 되는구나 하는 안도감이었어요."

마돈나하우스에서의 생활은 어땠나요?

"메인하우스 주방에서 6개월을, 과수원에서 6개월을 일했어요. 여기서는 아침과 저녁 미사는 물론 일하는 시간도 기도의 시간이었어요. 마음을 바라보는 시간이 주어지니 고통스러운 기억이 떠올랐어요. 한 달 동안 저녁 시간에 스스로 상처라고 느꼈던 일을 글로 쏟아냈지요. 힘들었어요. 내 안에 담아둔 감정이 너무 강력해 벗어날 수 없다고 생각했던 상처들. 하지만 기도하고 글을 쓰며, 이 모든 것을 내가 감당할 수 있음을 깨달았어요. 생각을 바꾸니 마음이 날개를 단 듯 가벼워졌어요. 그러다 한 남자를 만났어요."

마돈나하우스에서 이성과의 만남을 지속하는 게 쉽지 않았을 것 같은데요.

"프랑스에서 온 청년이었어요. 미국에 사는 이모가 마돈나하우스를 소개했대요. 그는 내가 무슨 얘기를 해도 판단 없이 경청하는 사람이었지요. 내면의 힘이 단단한 사람이라는 믿음이 생겼어요. 우리는 석 달 동안 산책하며 데이트를 했어요. 그러다 어느 날 신부님에게 들켰어요. 신부님은 남녀 둘이 있으면 안 된다는 마돈나하우스의 규칙을 지켜야 한다고 주의를 주었어요. 어쩔 수 없이 우리는 몰래 편지를 주고받았지요. 더 애틋했어요."

마돈나하우스에서의 만남 이후가 궁금하네요.

"마돈나하우스에서 1년간 게스트 생활을 마치고 한국으로 돌아갔어요. 남자친구도 우리 집을 방문했고요. 몇 년 후 우리는 결혼했어요. 나는 캐나다에서 대학을 졸업하고 직장에 다니고 있어요. 아이도 태어났고요. 마돈나하우스에서는 우리의 결혼을 축복해주었어요. 남편과 함께 마돈나하우스에 가서 휴가를 보내기도 한답니다. 고향 같고 친정 같아요."

다른 사람들의 이야기도 들려주세요.

"내가 마돈나하우스에 있을 때 남자친구를 찾기 위해 오는 여성 게스트도 있었어요. 가족 모두가 독실한 가톨릭 신자라는 친구였는데, 마돈나하우스에서 영성이 깊은 사람을 만날 수 있을 거라고 기대하고 있었어요. 친구는 주차장에서 키스하다 발각되어 쫓겨났어요. 그런데도 마돈나하우스에서는 그가 다음에 게스트로 방문하는 것을 허락하더군요. 마돈나하우스의 열린 분위기가 좋아요."

순결은 감정을 부정하지 않고 다스리는 것

제나의 부모님, 그리고 한국인 순나는 게스트로 마돈나하우스에 와서 사랑을 만난 경우다. 그렇다면 종신서원을 한 마돈나하우스의 스태프는 사랑에 대해 어떤 태도를 갖고 있을까? 내밀한 이야기를 들어보았다.

"나도 여기서 이성에게 깊은 감정을 가진 적이 있어요. 하지만 그 사람에게 특별한 감정을 표현하는 건 현명하지 않았지요. 상대는 마돈나하우스에 성소가 있다고 생각해 이곳에서 살고 싶어 했거든요. 그 사람도 나에게 특별한 감정이 있음을 알았어요. 하지만 감정을 표현하면 모든 게 복잡해질 거라고 생각했지요. 나 또한 마돈나하우스를 평생 살아갈 곳으로 여겼으니까요. 마돈나하우스를 떠날 생각이 없는데도 그 사람에게 고백한다면 공동체가 분열될 것 같았어요. 특정한 사람에게 주의를 집중하게 되니까요.

나는 그 사람에 대한 나의 사랑을 주님께 바쳐야 한다는 걸 깨달았어요. 한동안 마음이 아팠지요. 그렇지만 그 시기를 거치면서 더 깊게 사랑하는 법을 배우게 되었어요. 그 사람과 나는 지금도 좋은 친구 사이예요. 하지만 그 사람에게 내 깊은 감정을 한번도 이야기한 적이 없지요. 내 기준에서 그것은 적절한 행동이 아니라고 판단했어요. 다른 사람이라면 이야기했을 수도 있지요. 이러한 문제를 해결하는 데에는 저마다의 방식이 있는 거니까요."

이성에게 특별한 감정이 생겼지만, 그 감정을 표현하지 않고 더 깊게 사랑하는 법을 배웠다. 그 사랑을 주님에게 바치기로 했다. 상대와는 마돈나하우스에서 좋은 친구로 지낸다는 이야기였다. 그의 말처럼 마돈나하우스 스태프가 되었다 해도 언제든 사랑의 감정을 느낄 수 있고, 그것을 다루는 방식은 각자 다를 것이다. 그렇다면 마돈나하우스 구성원이 공유하는 이성 간의 사랑에 대한 관점은 무엇일까? 마돈나하우스의 몇몇 사람에게 이에 대해 들어보았다.

"우리는 사람들이 느끼는 감정을 통제할 수 없어요. 자연스럽게 마음이 끌리는 사람들이 있어요. 우리 공동체 안에서는 모두들 솔직하게 마음을 열고 자신의 감정을 파악하도록 노력합니다. 평신도 스태프가 이성에게 호감을 느낀다면, 그는 자신에게 솔직해지려 노력할 거예요. 그리고 신부님을 포함해 디렉터들과 열린 마음으로 대화하면서 어떻게 해야 할지 깨닫겠지요. 호감을 떨쳐

낼 수도 있고 선을 넘지 않으면서 그 감정을 품고 평화롭게 살 수도 있어요."

"우리 공동체는 다들 마음을 열고 살아가기 때문에 때로는 서로에게 특별한 감정이 생기기도 해요. 인간은 성적인 존재라는 사실에 대해 수련생들과 대화를 나누지요. 섹슈얼리티sexuality에 관해, 사랑의 감정을 느끼는 것에 관해."

"내가 누군가를 사랑하게 되었다고 해서 성적으로 관계를 맺어야만 하는 것은 아니지요. 그 점이 중요해요. 바깥세상에서는 사랑하면 성적으로 관계 맺는 것을 당연하게 여겨요. 하지만 확실한 것은 그러한 사랑의 방식이 주님께서 인간에게 주셨던 사랑과는 다르다는 거예요. 우리는 자신이 낳은 아이를 사랑하고, 부모를 사랑하고, 형제자매를 사랑합니다. 사랑이라는 것은 성적으로 표현하는 것보다 훨씬 더 큰 개념이지요."

"누군가와 사랑에 빠지면 나의 모든 섹슈얼리티가 작용하게 돼요. 그래서 우리는 어떻게 사랑의 감정을 표현할 것인지 알아야 해요. 인간이 성적인 존재라고 해서 반드시 육체적인 방식으로 표현되어야 하는 것은 아니에요. 사랑의 감정을 다루는 법을 배우고, 주님께서는 우리가 어떻게 하기를 바라는지 깨달아야 하지요. 자신의 성적 욕망은 거부하면서도 사랑을 표현하며 성적인 존재로 살아가는 법을 배우게 됩니다. 이것을 우리는 '순결chastity'이라고 부릅니다."

"순결은 영적인 인간으로서 나의 욕망과 감정을 부정하기보다는 다스리는 것이에요. 나는 평화로운 마음으로 사랑을 하면서도, 상대방의 생각을 존중할 수 있어요. 내가 그 사람에게 호감을 느끼지만 상대는 다를 수 있으니까. 나의 사랑은 상대가 그 사랑 안에서 성장하도록 존중해줄 수 있어요. 결혼해서 여기를 떠난 커플도 꽤 있어요. 좋은 일이에요. 그것도 사랑 안에서 성장하는 거지요. 그것을 나쁘게 보지는 않아요."

"우리 공동체에는 외딴길을 이성과 단둘이 걷지 않도록 하는 규율이 있어요. 소문이 나는 것을 방지하고 개인의 감정을 보호하는 차원이에요. 우리가 가진 사랑의 감정을 어떻게 할 것인가는 중요한 문제지요. 지켜야 할 다른 책무가 있는 경우에 더욱 그래요. 결혼도 서약이니까요."

사랑의 감정과 선택을 존중하는 공동체 문화

깊은 감동을 받았다. 종교적 영성 공동체 구성원들이 스스로 성적 존재임을 인정한다는 것 자체가 신선했다. 그저 눈을 감고 감정을 누르는 게 아니었다. 사랑의 감정을 인정하되 표현하는 방식은 각자의 선택을 존중한다. 그 고민의 과정에서 마돈나하우스의 신부님이나 디렉터 선배와 마음을 터놓고 의논한다. 그 사랑 안에서 상대가 성장하도록 존중한다.

동시에 내 안에서 질문이 올라왔다. 이렇듯 사랑의 감정과 선택을 존중하며 상대의 영적 성장을 위해 행동하는 태도. 이것은 마돈나하우스 같은 종교적 영성 공동체에서만 가능할까? 이와 관련하여 내가 존경하는 미국의 페미니스트 사회운동가 벨 훅스의 『올 어바웃 러브』(책읽는수요일, 2021)의 한 대목이 떠올랐다.

> 사랑을 외면하는 것은 영혼이 사막지대로 들어서는 것과 같다. (…) 사랑이란 자기 자신과 다른 사람의 영적인 성장을 위해 자아를 확장하려 하는 의지다. 사랑하려는 '의지'를 갖고 사랑을 '선택'하는 사람만이 사랑을 할 수 있다.

사랑이란 서로에 대한 관심과 존경, 이해와 책임감을 통해 자신과 상대의 영적인 성장을 돕는 행동이라는 것. 마돈나하우스에서 나는 그것을 실천하는 성숙한 삶과 사랑을 보았다. 배우고 싶은 아름다운 삶이었다.

작은 자들을 위한
크리스마스

크리스마스가 다가오니 이곳을 찾는 게스트가 부쩍 많아졌다. 저녁 식사 테이블, 내 옆자리에 인도 여성이 앉았다. 나이는 마흔 살쯤? 현재 토론토에서 NGO 활동을 한다는 그는 인도 남서부 고아 출신이다. 450년 동안 포르투갈 식민지였던 탓에 가톨릭 인구가 많은 지역이다.

다음 날 아침 그가 기도하는 모습을 눈여겨보았다. 의자에 가부좌를 틀고 앉아 두 손 모아 기도했다. 인도의 힌두교나 불교 명상가처럼 보이는 자세였다. 가톨릭교, 힌두교, 불교, 이슬람교. 종교는 달라도 기도하는 자세에는 통하는 게 있었다.

외로운 사람들이 찾아오는 크리스마스

오늘은 크리스마스를 앞두고 고해성사 하는 날. 가톨릭 신자만 참여한다고 하여 나는 숙소에 먼저 들어왔다. 어두운 방에 불을 켜니, 누군가 침대에서 일어났다. 2~3일 전 여기 온 루시아는 콜롬비아 출신. 마돈나하우스에 몇 차례 왔었다는 그는 어제도 오늘도 감기가 심해 숙소에 계속 누워 있었다. 그가 조금 부러웠다. 나는 아프고 힘들어도 열이 나지 않으니 아프다고 말도 못 하는데, 그는 식사도 숙소에서 제공받았다. 여기 와서 아프면 우울하지 않냐고 물으니 루시아는 뜻밖의 대답을 했다.

"집에서 홀로 아프면 외롭고 쓸쓸하지요. 하지만 여기에는 나를 걱정해주는 사람들이 있잖아요. 이분들과 함께 있는 것만으로도 너무 좋아요."

그는 나에게 궁금한 게 많았다. 개인적인 질문을 거침없이 쏟아냈다. 결혼은 했냐? 아이는 있냐? 직업은 뭐냐? 마돈나하우스에서는 이런 질문을 삼가야 하는데. 마지못해 내 직업은 방송작가라고 답하니 루시아의 얼굴이 활짝 펴졌다.

"나도 방송국 피디였어요. 콜롬비아에서 피디 일은 점점 더 힘든 직업이 되고 있지요." 그제야 이해할 수 있었다. 직업 탓인가. 나도 어떨 때는 '취재 마인드'가 발동하는데 그도 역시 '호기심 천국'이었다. 나는 너무 피곤해 눕고 싶은데 계속 질문 공세였다. 그래도 인도나 남미에서 온 외로운 이민자들이 크리스마스에 찾아올 곳이 있다는 것은 참 다행이구나 생각하며 잠자리에 들었다.

순수한 아기 예수를 상징하는 당나귀 종소리

식사 시간에 함께하기 좋은 사람이 있었다. 60세가 넘은 듯한 여성 스태프 수잔. 편안하게 말을 걸어와 그와 대화하는 것이 즐거웠다. 따뜻한 권위가 느껴지는 사람. 한참 지나서야 그가 마돈나하우스의 여성 디렉터라는 것을 알게 되었다.

그런데 요 며칠 수잔이 걸을 때마다 치마 속에서 쇠사슬 소리 났다. "추루룩 추루룩." 저 소리가 뭐지? 화장실을 청소하는 알렉스가 궁금증을 풀어주었다.

"크리스마스를 앞두고 러시아의 전통을 재연하는 거예요. 러시아에서는 크리스마스가 다가오면 어머니들이 손목과 무릎에 작은 종을 하나둘씩 매단대요." 그러고 보니 영적 독서 시간에 캐서린 도허티의 『당나귀 종소리 Donkey Bells』(Madonna House Pubns, 1994)에서 '당나귀 종소리'에 대해 읽은 기억이 났다.

처음엔 당나귀 종소리가 희미하게 들리겠지만, 크리스마스가 다가올수록 그 종소리는 더 선명해질 겁니다. 나는 어린 시절 동생과 함께 그 소리에 귀를 기울이며 설레었지요. 지금 그 소리가 들리나요? 당신이 어린이의 순수한 마음을 가졌다면 그 당나귀 종소리가 들릴 겁니다.

당나귀 종소리는 순수한 아기 예수의 탄생을 상징한다는 캐서린 도허티의 이야기. 이것은 『지금 우리에게 예수는 누구인가?』(불광출판사, 2024)의 저자 정경일의 이야기와도 통한다. "아기 예수의 탄생 소식을 듣고 처음 찾아온 사람들은 들에서 양을 치던 목자들과 아시아에서 온 동방박사들. 당시의 목자들은 하층계급에 속하는 사람들이었다. 동방박사도 자신이 살던 익숙한 세계를 떠난 낯선 이방인, 즉 사회적 소수자의 처지였다. 아기 예수 역시 타인의 돌봄을 받아야 하는 약한 존재였다."

가난하고 연약한 성모마리아가 당나귀를 타고 가난한 자들의 장소 마구간에서 아기 예수를 낳았다. 그 탄생을 가장 기뻐한 자 역시 가난하고 연약한 자들이었다는 것이다. 아기 예수의 탄생을 가난하고 약한 자들의 관점에서 바라보는가? 당나귀 종소리를 들을 만큼 당신의 마음은 순수한가? 이전에는 생각하지 못했던 질문이었다.

마돈나하우스를 떠나기 6일 전

12월 22일 토요일, 다음 주 28일이면 마돈나하우스를 떠나는 날. 남은 6일 동안 해야 할 일을 확인하며 하루를 시작했다. 다행히 오늘은 사무실에서 일하게 되었다. 몸이 약해 다른 게스트들에 비해 작업장이 유난히 자주 바뀌었던 나. 여기서 가장 많이 일했는데 작별 인사할 시간이 주어진 것이다.

마돈나하우스가 발행하는 월간 신문 〈회복〉의 지난 호를 모아달라고 엘리에게 부탁했다. 언제나 친절하고 자상했던 엘리. 바니는 총무답게 정기구독을 요청했다. 1년에 10달러. 흔쾌히 응했다. 마돈나하우스에서 제작한 합창 시디, 마돈나하우스를 소개하는 디브이디, 캐서린 도허티의 책도 몇 권 샀다.

저녁 자유시간에는 브라질 출신의 스태프 엘리아나가 세인트 라파엘을 구석구석 보여주었다. 마침 남성 디렉터

마크가 들어왔다. 마크는 자신이 만든 목공예 작품들도 보여주었다. 정교하지는 않아도 독특한 영적 감성이 느껴졌다. 그중에서 가장 압권은 그가 30년이나 사용했다는 가죽가방. 가죽이 닳고 닳으면 저런 모습이 되는구나. 시간의 힘이 물성으로 다가오는 예술품이었다.

떠날 시간이 되니 마음이 너그러워진 탓일까? 그동안 나에게 사사건건 간섭했던 리나도 다르게 보였다. 며칠 전 오후에 다락방 기도실에 들어가니, 리나가 먼저 와서 기도를 하고 있었다. 그가 기도하는 모습은 경건 그 자체였다. 무릎을 꿇고 직각으로 허리를 세워 두 손을 앞에 모은 자세. 평소에는 딱딱하기 이를 데 없지만 저토록 간절한 모습은 존경스러웠다.

저녁 미사를 드리러 가는 길에는 리나가 내게 유난히 다정했다. 눈과 비가 섞여 질척거리는 길. 미끄러워 한 발 한 발 내딛기가 힘들었다. 그런데 리나는 내가 미끄러질까 봐 걱정이었다. 상냥하게 "조심해"라고 말하더니, 돌아올 때는 아예 내 손을 잡고 갔다. 누가 누구를 부축하는 건지 알 수는 없었지만. 하하. 너를 용서할게. 속으로 이야기했다.

12월 24일 월요일, 드디어 크리스마스이브. 오늘은 오전까지만 일하고 오후부터 27일까지 3박 4일 연휴가 시작된다. 연휴가 끝난 다음 날인 28일에 마돈나하우스를 떠나는 나에게는 마지막으로 일하는 시간. 세탁실에서 수건 개는 일을 했다. 창가로 들어오는 사선의 햇볕을 바라보면서. 세탁실 스태프 버너뎃, 체코 출신의 게스트 카타리나와 작별 인사를 했다.

그때 누군가 출입구 반대편 문을 열고 들어왔다. 마돈나하우스 여성 디렉터 수잔이었다. 내가 좋아하는 사람. 알고 보니 그의 사무실은 세탁실 바로 옆방이었다. 수잔에게 이번 금요일에 떠난다고 인사했을 때 그가 웃으며 말했다. "당신은 사랑하기 쉬운 사람이에요You are easy to love." 지금도 잊지 못하는 기분 좋은 말이었다.

음악의 향연, 크리스마스 미사

크리스마스이브의 미사는 마돈나하우스의 가장 큰 축제. 숙소의 여성 게스트들은 치장하느라 어수선했다. 체코, 콜롬비아, 미국, 한국 등 여러 나라 출신 중에서 인도계의 내오미가 가장 돋보였다. 언제 준비해 왔는지 커다란 상자에서 옷을 꺼내 입었다. 덕분에 인도 전통의상을 어떻게 입는지 볼 수 있었다. 어깨에 긴 천 '사리'를 두

르고 올리고 잠깐 위쪽을 손으로 잡았다가 다시 돌려서 집어넣고 다시 돌리고……. 한번 봐서는 도저히 기억할 수 없을 만큼 복잡했다. 전통의상에 머리 올리는 것은 어느 나라나 비슷한가. 내오미는 머리를 올려 눈 깜짝할 사이에 아주 멋스러운 모습을 연출했다.

아래층의 베스는 바지에 아주 심플하면서도 화려한 초록색 드레스를 받쳐 입었다. 헌옷 가게에서 7달러에 샀다는 옷. 나는 일요일마다 교복처럼 입었던 자주색 원피스 말고는 다른 대안이 없었다.

밤 11시에 시작하는 미사 시간보다 훨씬 일찍 도착했는데, 모두 딴사람 같았다. 크리스마스이브 미사를 위해 자신이 할 수 있는 최고의 모습으로 나타난 것이다. 청바지에 헐렁한 스웨터만 입고 다니는 샤메인. 그도 원피스에 숄을 둘렀다. 내가 감탄하자 수줍은 듯 "크리스마스이브니까요" 하며 웃었다. 아프리카 마돈나하우스 필드하우스에서 일하다 온 싱가포르 출신의 필로. 그는 아프리카 전통의상에 머리 장식까지 했다. 대부분 기증받은 헌옷 중에서 골라 입었다는 게 믿기지 않았다.

드디어 크리스마스이브 미사가 시작되었다. 그날의 미사는 음악의 향연이었다. 합창과 중창, 노래에서 노래로 이어지는 미사. 때로는 장중하고 경쾌하고 발랄했다. 마돈나하우스의 스태프, 신부님, 게스트 등 총 150여 명이 곡의 순서가 적힌 작은 종이를 보며 노래를 이어갔다. 트라이앵글 같은 작은 타악기를 두드리는 사람도 있었다. 그 어떤 언어 없이 노래에서 노래로 이어지는 한 시간의 미사. 나는 합창을 함께하는 가수이자, 감상하는 관객이었다. 이 아름다운 화음에 나의 소리도 함께하고 있다니 벅차고 뭉클했다.

한 사람 한 사람 노래하는 얼굴을 바라보았다. 기쁘고 경건한 마음이 충만해 보였다. 그중에서도 농장 디렉터 스콧. 50대 초반의 그는 얼굴이 따뜻한 성자의 풍모인데, 옆에서 들으니 베이스와 바리톤을 넘나드는 목소리도 기품 있었다. 헬렌도 앞에서 여성 중창을 했다. 사무실에서 일하며 나에게 바느질을 부탁했던 사람. 연극을 전공했다더니 뱃속에서 나오는 소리에 깊이가 있었다. 오늘 크리스마스이브 미사에 참여한 모두는 가수이자 예술가였다.

또 하나 중요한 점을 발견했다. 이곳에서는 내가 영어를 못하는 게 핸디캡이라고 생각했는데, 그게 오히려 축복일 수도 있겠구나. 언어에 기댈 수 없으니 오히려 지성과 판단의 날개를 접고 침묵과 기도를 통해 나를 더욱 깊이 만날 수 있었는지도 모른다. 매일 아침저녁 이어지는 미사 시간의 기도와 뿌스띠니아에서의 침묵은 통하는 게 있었다. 그런데 오늘 크리스마스이브의 아름다운 합창 역시 마찬가지였다. 함께 노래하는 것이 이토록 깊은 기도가 될 수 있다는 걸 처음 알았다.

크리스마스의 핵심은 무엇인가

미사가 끝나고 새벽 1시쯤 메인하우스 다이닝 홀에 돌아오니 테이블마다 촛불이 켜져 있고 식사도 그 어느 날보다 풍성했다. 특별히 와인도 한잔했던 것 같다. 내가 좋아하는 할아버지 신부님은 빨간 산타클로스 모자를 쓰고 함께했다.

설거지와 뒷정리를 마치고 취침한 시간이 새벽 3시 30분. 하지만 충만한 크리스마스이브를 경험한 덕분인지 몸이 피곤하지는 않았다. 가장 중요한 크리스마스 준비는 무엇인가, 크리스마스는 무엇을 기념해야 하는가에 대해 마돈나하우스에서 작은 실마리를 얻은 것 같았다.

현대인에게 크리스마스는 소비의 축제가 되었다. 그러나 마돈나하우스의 크리스마스는 맛있는 걸 먹고 즐기기 위한 날이 아니었다. 형식적인 기념일도 아니었다. 크리스마스는 인간을 구원하기 위해 하느님이 하나뿐인 아들 예수를 보내주신 것에 감사하며, 예수처럼 약자와 가난한 이들을 위한 삶을 다짐하는 리추얼의 시간이었다. 그 기쁨과 고마움을 자신이 가진 모든 것을 동원해 정성껏 표현하는 날이었다. 크리스마스의 의미가 다르게 다가왔다.

성소를 찾아서

오전 10시가 훨씬 지나 일어났다. 이렇게 늦은 아침은 처음이었다. 오늘부터 사흘 동안은 완벽한 크리스마스 휴일. 아침과 점심 식사는 주방에서 원하는 시간에 자유롭게 요리를 해 먹는다. 소시지, 양파, 달걀, 바게트, 우유, 치즈, 버터, 잼……. 늘 먹던 재료지만 소소한 자유가 꿀맛 같았다.

짧은 연휴 기간이었지만 하고 싶은 일이 있었다. 수련생 과정에 참여하는 젊은이들에게는 어떤 이야기가 숨어 있을까? 화장실 청소를 하는 알렉스에 이어, 남자 수련생들에게 인터뷰를 청했다. 먼저 영적 독서 시간에 읽고 있는 책에서 해당 구절을 찾아 보여주던 친절한 마이클을 만났다.

스무 살 때부터 성소를 찾았던 마이클

28세인 마이클은 스무 살 무렵 마음에 뭔가가 일어났다. 대학생이었던 그는 대학의 예수회 사제를 만나며 규칙적인 기도 생활을 했다. 종교 공동체에 매력을 느껴 베네딕트 수도회, 프란치스코 수도회 등 여러 단체를 알아보았다. 그러다 뉴욕의 프란치스코 수도회에 찾아가 1주일을 체험했다. 침대도 없이 바닥에서 자는 청빈하고 단순한 삶은 매력적이었다.

"그곳의 성소 담당자 vocation director 는 나에게 이렇게 권유했어요. '먼저 남은 6개월의 대학 생활을 끝내고, 1년간 성소 식별 기간을 가져보세요. 프란치스코 성지에서 잔디 깎는 일을 하거나, 미국의 테레사 수도회에서 1년 동안 자원 활동을 할 수도 있어요. 캐나다의 마돈나하우스도 생각해보세요'라고. 그때가 스물한 살이었어요.

인터넷에서 마돈나하우스를 검색하다 마돈나하우스의 상징인 성모상 사진을 봤어요. 처음에는 좀 이상했어요. 두 팔 벌리듯 날개를 달고 있는 천사의 형상도 낯설고. 그런데 청년들을 위한 성소 식별 프로그램이 있더군요. 한번 시도해보자 마음먹고 전화를 했어요. 대학을 졸업한 지 얼마 되지 않아 돈이 없는데 프로그램 참여 비용은 얼마냐고 물었지요. 그랬더니 전화를 받은 신부님이 '하느님께 당신의 삶만 드리면 된다'고 하는 거예요. 여기에 당신의 성소가 있는지는 주님만이 아신다면서.

당장 10월부터 다음 해 부활절까지 약 6개월 동안 영적 형성Spiritual Formation 프로그램에 참여했어요. 하지만 확실하게 여기가 나의 성소라는 느낌은 없었어요. 다만 농장이 마음에 들었어요. 어릴 때 농장에서 자랐지만, 규모가 커서 기계로 농사를 지었어요. 마돈나하우스의 생태농장에서 게스트로 일하며 농사일을 배우고 싶었어요."

그는 마돈나하우스와 인연을 맺고서도 다른 공동체를 여럿 알아보았다. 뉴욕 빈민가에는 극빈자들을 도우며 복음을 전도하는 공동체나 선교회가 있었다. 그곳 무료급식소에서 1년 동안 자원 활동을 해볼까도 생각했다. 이런저런 고민을 하면서 마돈나하우스의 영적 상담자 신부님과 대화하고, 다른 구성원과 많은 얘기를 나누었다. 이때 마이클에게는 가장 중요한 질문이 있었다.

"이 사람들은 대체 무엇을 하고 있는 걸까? 세상 사람들은 굶어 죽고 힘들게 살아가는데, 이 외딴 시골에서 장작을 패고 눈이나 치우면서 과연 무엇을 할 수 있을까? 이런 삶이 세상에 도움이 될까? 세상 사람들은 마돈나 하우스가 있는 줄도 모르는데 어떤 도움을 청할 수 있을까?"

과연 그는 어떤 답을 얻었을까?

"하루는 성모상 앞에서 『성경』을 읽고 있었어요. 좋은 씨앗은 좋은 흙, 즉 주님의 말씀을 받아들여야 잘 자란다는 내용이었어요. 성모님이야말로 좋은 씨앗을 자라게 해 주는 좋은 흙이라는 점을 깨달았어요. '숨겨진 것은 드러나고 감추어진 것은 알려져 훤히 나타나기 마련이다'(루카 복음 8:17), '아무도 등불을 켜서 그릇으로 덮거나 침상 밑에 놓지 않는다. 등경 위에 놓아 들어오는 이들이 빛을 보게 한다'(8:16). 이 말씀도 울림이 컸지요. 나는 이것이 성모님의 삶이라고 생각해요. 성모님은 나사렛에서 드러나지 않는 삶을 사셨거든요. 평범하게 청소하고 집안일을 하는 단순한 삶. 하지만 이것은 모두 주님과 일치하기 위한 삶이었어요.

주님은 이곳을 성모님의 공간으로 만들어내신 거예요. 성모님은 주님과 일치하는 삶과 사랑을 매우 평범하고 단순한 방식으로 드러내신 거고요. 그 삶의 빛이 세상으로 퍼져 나가는 거예요. 마돈나하우스만이 유일한 성모님의 공간이라고 말하는 것이 아니에요. 성모님은 세상 여기저기에 작은 집을 많이 갖고 계시지요. 하지만 여기는 아주 특별한 곳이고, 나는 성모님의 아들 중 한 명으로 이 집에 초대받았다고 느꼈어요. 그래서 이곳의 스태프가 되기 위해 수련생활을 하겠다고 마음먹었어요."

마돈나하우스의 삶이 사회적으로 어떤 의미가 있을까에 대한 자신의 질문에 대해 충분한 답을 얻었는지는 더 묻지 못했다. 1999년, 그는 에드먼턴의 마돈나하우스 필드하우스에서 일했다. 2001년에는 마돈나하우스 본부의 농장에서 1년 동안 농사짓고 치즈를 만들었다. 그가 가장 좋아하는 일이었다. 다음에는 리자이나에서 2003년부터 2005년까지 2년 동안 지냈다. 그는 다시 농장에서 일하기를 원했지만, 마돈나하우스의 디렉터는 벨기에의 필드하우스로 가라고 권유했다.

"벨기에에서는 프랑스어를 해야 했어요. '나는 프랑스어를 못해요'라고 했더니, '배우면 된다'는 거예요. 사실은 프랑스어를 배우기 싫었어요. 하지만 결국 그곳에 가서 행복하게 잘 지내다 올해(2007년) 11월에 여기 본부로 돌아왔어요. 지금은 농장에서 일해서 좋아요."

마이클이 자리를 뜨며 주방에서 해야 할 일이 있다고 내게 말했다.

"우리는 두 개의 삶을 살아요. 주님께 기도하는 생활과 매일 해야 할 일을 하는 삶. 그게 캐서린 도허티가 우리에게 가르쳐준 삶이지요. 그 두 가지 삶을 하나가 되게 하라는 가르침. 그 삶을 통해 성모님이 하셨던 것처럼 우리는 주님을 만날 수 있어요. 그래서 이곳의 삶이 아름다운 겁니다."

여행과 정치, 사회 경험이 많았던 데릭

37세 데릭은 갈색 곱슬머리에 호리호리한 남성. 그는 어린 시절부터 가톨릭 신앙이 깊은 가정에서 자랐다. 하지만 부모님과 갈등을 피하려고 간신히 미사에 참여하는 정도였다. 성당에 나가는 것도 미사에 참여하는 것도 싫었지만 혼자 기도하는 것은 좋아했다. 세상에 대한 호기심이 많아 스무 살부터는 자유롭게 살았다.

"여행을 많이 했어요. 스물세 살부터 인도, 남미, 멕시코 등 여러 나라에 살면서 일하는 걸 좋아했지요. 볼리비아에서는 대학교, 가이아나에서는 고등학교에서 학생들을 가르쳤어요. 래프팅 가이드, 모델도 해봤어요. 인도에 있을 때는 농장에서 조경 일도 했고, 멕시코에서는 습지 복원 일도 했어요. 조경과 수질 정화작업도 했고요. 정말 재미있었어요."

서른 살이 되면서 데릭은 고향 오타와로 돌아와 정부 부처에서 잡지 기사를 쓰고 브리핑 노트를 작성하는 일을 했다. 야생 및 해양 생태 관련 부서에서 커뮤니케이션 전문가로 일하며 출판과 텔레비전, 라디오 인터뷰 업무를 담당했다. 탄탄한 직장이었다. 그런데 서른한 살이 되면서 어떤 계기로 공동체와 영성에 관심이 깊어졌다.

"6개월 동안 휴직하기로 마음먹었지요. 물론 이게 맞나? 고민을 많이 했어요. 좋아하는 일이었고 상사도 내가 존경하는 사람이었거든요. 처음 6개월 동안 공동체 일을 도우며 소년범 등 힘든 문제가 있는 사람들과 함께 지냈어요. 매일 영성 훈련을 하고, 환경 보호와 관련된 일도 했어요."

마돈나하우스에는 2001년에 처음 와서 2주일 동안 머물렀다. 그때 뿌스띠니아에서 침묵과 고요의 시간을 경험했다.

"캐서린 도허티는 뿌스띠니아를 '그노시스gnosis' 즉 신비적 직관이라 했지요. 자신을 비우고 그 자리에 그리스도를 모시는 거라고요. 여기서 검손과 공동체의 중요성을 배웠어요. 그때 직장을 그만두고 다른 삶을 살겠다고 결심했어요. 하지만 여기에 정착할 생각은 없었어요. 방황을 많이 했어요."

여행을 계속할까? 공부를 더 할까? 정치를 할까? 그러다 여행과 정치에 대해서는 마음을 접었다.

"여행을 통해서도 배우는 게 있지요. 하지만 이제 나에게는 여행이 필요하지 않아요. 내가 배우고 싶은 것은 나의 내면에 관한 거예요. 그 전에는 직업상 세상일에 관심을 갖고 관찰하는 것이 중요했지만, 지금은 주님과의 관계가 더 중요해요. 여기는 사람들이 서로 사랑하는 곳이에요. 스스로 또 주변 사람과의 관계에서도요. 이런 모습은 어디서도 보기 힘들어요. 교육을 많이 받고 여행을 많이 다니고 성공한 삶을 살아도 불행한 사람들을 많이 봤거든요."

정치와 사회복지 제도가 행복을 보장하지 않는다는 생각도 그가 마돈나하우스의 생활을 선택하는 데 크게 작용했다.

"사회운동, 환경운동에 참여했어요. 캐나다 녹색당에서

정치활동도 했지요. 그런데 운동가들은 행복하지 않아요. 절망감 때문에 자살하는 사람도 있어요. 의도는 좋지만 자신의 능력을 넘어서는 성취를 원해요. 사회복지 제도 역시 사람들의 행복을 보장해주지는 않아요. 스웨덴 같은 복지국가도 자살률이 높지요. 나에게는 정치보다 주님이 더욱 중요해요. 주님 없이는 행복할 수 없다고 생각해요. 지금 가장 중요한 것은 사람들이 서로 사랑하려고 노력하는 것, 매일의 삶에서 성장하는 거예요. 「시편」 50장처럼요. '제 잘못을 말끔히 씻어주시고 제 허물을 깨끗이 없애주소서.' 여기서는 이런 일이 매일 일어나요."

서로 사랑하고 매일 성장하는 삶을 추구한 데릭. 그가 이곳에서 기도하고 일하며 가장 크게 감동한 것이 있었다. 마돈나하우스에서는 노인들이 행복하게 살고 있었다.

"어느 사회에서나 나이 들어 신체적 능력이 약해지면 가치가 없다고 생각하잖아요. 그게 꼭 자본주의 때문만은 아닌 것 같아요. 그런데 여기서는 노인들이 공동체를 위해 역할을 하며 행복하게 살아요. 나도 그렇게 나이 들고 싶어요."

'나이 들면 마돈나하우스의 노인처럼 살고 싶다'는 데릭의 이야기에 깊이 공감했다. 더불어 한국에서 무언가를 이루려 하는 사람들도 배워야 할 점이라 생각했다. 사회 변화를 위해 실천하는 삶도 중요하다. 동시에 후배들의 눈에 그런 삶을 사는 선배들의 삶이 행복해 보이는가, 후배들 스스로도 저렇게 살며 나이 들고 싶은 생각이 드는가, 또한 중요하지 않을까.

수련생이 종신서원을 하려면

매년 500여 명의 게스트가 찾아온다는 마돈나하우스. 게스트가 이곳의 멤버가 되기를 원한다면 먼저 2년의 수련 과정이 필요하다.

수련을 원하는 개인은 디렉터와 사제와 상담한 후 청원이 받아들여지면 수련생Applicant이 된다. 그 후에 심화 과정Formation에 입문한다. 교육 담당 스태프와 함께 생활하며 마돈나하우스의 역사와 조직 구조, 이곳의 헌장 같은 〈작은 사명little mandate〉과 캐서린 도허티의 정신에 대해 학습한다. 그다음 일터에 배정되어 심화 과정을 이수한다. 2년의 수련생활을 마치면 서원을 하는데, 이때 마돈나하우스의 모토인 청빈·순결·순명 서약을 한다.

그다음 1년 후 한 번, 그 뒤로는 2년마다 세 번 서원을 한다. 이렇게 7년이 지나면 마지막으로 종신서원을 하고 정식 스태프가 된다. 그동안 필드하우스에 배정받아 여러 경험을 쌓으며 평생 여기서 살 수 있는지, 이곳이 자신의 성소인지 결정한다.

두 사람의 다른 길

2007년 마이클과 데릭을 인터뷰하고 17년의 세월이 흘렀다. 그 사이 많은 변화가 있었다. 마이클은 2014년에 사제 서품을 받았다. 4년 동안 영국의 필드하우스에 있다가 2024년 본부 컴버미어로 복귀했다. 그는 현재 마돈나하우스의 가장 젊은 사제라고 한다.

반면 데릭은 종신서원을 하지 않고 2013년에 마돈나하우스를 떠났다. 그 후 이곳 스태프였던 여성과 결혼해 빅토리아에 살면서 밴쿠버의 마돈나하우스 필드하우스와 연락하며 인연을 이어가고 있다. 더불어 최근에는 지방선거에 녹색당 후보로 나서는 등 지역 정치활동을 하고 있다고 한다. 자신의 집 일부를 시리아 난민에게 세주기도 하며, 주거 문제와 같은 일상의 갈등 해결에 역량을 발휘하고 있다는 것이다. 데릭이 왜 마돈나하우스를 떠났는지, 그리고 영성의 삶을 경험한 그의 사회생활과 정치활동이 어떠할지 궁금하다.

마이클과 데릭, 두 남자의 완전히 대비되는 길. 그러나 모두 치열하게 자신의 성소를 선택했으리라 믿는다. 그들의 삶에 축복의 마음을 보낸다.

공동체에 대한 질문

마돈나하우스를 떠나기 전 중요한 질문이 남아 있었다. 앞서 수련생 마이클의 고민. "세상 사람들은 굶어 죽고 힘들게 살아가는데, 이 외딴 시골에서 장작을 패고 눈이나 치우면서 과연 무엇을 할 수 있을까? 이런 삶이 세상에 도움이 될까? 사람들은 마돈나하우스가 있는 줄도 모르는데?" 이것은 나의 질문이기도 했다. 뿐만 아니라. 마돈나하우스라는 공동체의 정체성은 어떻게 지속 가능한가? 공동체의 소통 체계는 어떠한가? 내부의 갈등은 어떻게 해결하는가? 먼저 수녀원 학교장이었던 카렌에게 물어보았다.

카렌은 마돈나하우스의 기본 정신, 〈작은 사명〉으로 이야기를 시작했다.

일어나 떠나라. 당신이 가진 모든 것을 팔아서
가난한 이들에게 손으로 직접 건네주어라.
그들의 십자가가 곧 나의 십자가이니 함께 지고 나를 따르라.
가난한 이들 곁에서 함께 가난해지고
그들과 한 몸이, 나와 한 몸이 되어라.
작게 언제나 작게. 단순하고 가난하고 아이 같은 삶.
너희의 삶으로 복음을 전하되 타협하지 말라.
영혼의 소리를 경청하라. 주님이 너희를 인도하리니.
작은 일에 정성을 다하라. 나를 사랑하는 마음으로.
사랑하고 사랑하고 사랑하라. 대가를 계산하지 말고.
장터로 나가 내 곁에 머물라.
기도하고 단식하라. 항상 기도하고 단식하라.
보이지 않게 네 이웃의 발치를 비추는 빛이 되어라.
사람들의 마음속 깊이 들어가라. 두려워 말고.
언제나 내가 너희와 함께할지니.
항상 기도하라. 내가 너희의 안식처가 되리니.

"이것은 우리와 언제나 함께하는 기도문이에요. 마돈나하우스의 모든 것에 이 기도문의 정신이 관통한다 할 수 있지요."

핵심은 "가난한 삶, 대가를 계산하지 말고 사랑하라. 기도하라. 두려워 말라. 일어나 현장으로 떠나라". 감동적인 기도문이었다. 그런데 의문이 생겼다. 마돈나하우스가 가난한 삶을 추구한다고 하지만 절대적인 기준에서 이 삶이 가난하다고 할 수 있을까? 이들의 삶이 가난한 사람들에게 어떤 힘이 될까?

"우리도 그 점을 고민해요. 내가 여기서 지낸 30년 동안 마돈나하우스는 더 풍요로워졌어요. 나는 우리가 너무 편안하게 산다고 생각하는 쪽이지만 동의하지 않는 사람들도 있어요. 여러 의견 사이에서 균형을 잡아야 해요. 늘 토론하는 문제지요.

마돈나하우스는 미국처럼 최소한의 복지도 없는 사회에서는 운영될 수 없어요. 의료보험이 잘 되어 있는 캐나다가 아니었다면 마돈나하우스는 유지될 수 없었을 거예요. '하느님은 캐나다의 사회구조 안에서 살고 있는 우리가 여기서 어떻게 하기를 원하실까?' 이것은 언제나 우리의 숙제입니다.

세계를 기준으로 봤을 때 이곳 생활이 밥을 못 먹거나 난방을 못 할 정도는 아니지요. 그러나 풍족하고 편한 삶과는 거리가 멀어요. 얼마 전 동생이 친구들과 여기에 왔어요. 모두 50~60대 기혼 여성들이었는데 마돈나하우스에 대해 이렇게 말하더군요. '세상에. 여긴 푹신한 의자 하나가 없어요. 앉아서 커피 한 잔 즐길 수도 없고, 텔레비전, 라디오도 없고. 쉴 틈 없이 일해요.' 사실 캐나다의 일반적인 삶과는 차원이 다르지요.

우리가 추구하는 가난한 삶에서 가장 중요한 것은 탁발 행위지요. 우리 스스로 돈 버는 행위는 하지 않고, 구걸Begging해서 얻어먹는 거예요. 여기서 직접 생산하는 농산물 외에는 모두 기부에 의존해 살아요. 우리는 1년에 두 차례 6천 통이 넘는 기부 요청 편지를 보내요. 사람들이 우리를 위해 돈을 기부하지 않으면 형광등조차 켤 수 없어요. 하지만 국가나 교회에서 금전적인 지원을 받지는 않아요. 오로지 개인에게만 기부를 받지요. 큰돈을 기부받으면 가난한 사람, 적은 돈을 기부한 사람의 손을 부끄럽게 하기 때문이에요."

적은 돈이 큰돈보다 중요하다는 건 나도 알고 있었다. 정부나 기업의 프로젝트에 의존하는 단체나 종교 기관이

본래 취지에서 벗어나는 것을 많이 보았기 때문이다. 카렌은 한 가지를 더 강조했다.

"우리가 기부받기 위해 손을 벌리는 행위에는 깊은 뜻이 있어요. 돈이나 서비스를 얻는 행위는 사람의 마음에 큰 울림을 주지요. 이런 삶을 살려면 우리에게 무엇이 필요하고 필요 없는지 늘 깨어 있어야 해요. 갖고 있는 물품들을 철저하게 분류해 정리하고 매뉴얼로 만드는 것도 이러한 맥락에서지요. 우리가 운영하는 헌책방이나 중고품 가게의 수입도 모두 가난한 나라에 기부하고요. 구걸한 것은 당장 필요한 곳에 사용하고 절대 축적하지 않아요."

푼돈은 가난한 사람의 마음이고, 가난한 자의 도움으로 내 삶을 유지한다. 그만큼 나는 약하고 작은 존재다. 타인의 소중함과 사랑을 민감하게 느끼기 위해 얻어먹는 삶, '을z'의 처지로 산다. 예수는 언제나 을의 위치에 있었다. 약자의 처지에서 약자를 환대하는 영성. 가난한 삶을 산다는 것은 결국 약자를 더 소중하게 더 많이 사랑하기 위해서라는 이야기다. 〈작은 사명〉의 정신으로 기도하며 사는 공동체의 삶이 가난한 사람에게 직접적인 도움이 되지는 못해도 가난이 어떤 사랑의 힘을 가질 수 있는지, 우리 모두 어떻게 하나로 연결되어 있는지 깨우쳐준다는 것이었다. 깊이 공감했다.

그런데 공동체가 좋은 방향과 철학을 갖고 있더라도, 그것을 유지하기 위해서는 조직 체계와 운영 방식이 투명하고 민주적이어야 한다. 한국에서도 공동체를 위한 여러 시도가 좌절한 경우가 많지 않았던가.

민주적이고 투명한 공동체를 위하여

이와 관련해 만나고 싶은 사람이 있었다. 메인하우스의 디렉터 캐시. 한 달 전 내게 몸이 약하니 마돈나하우스를 나가는 게 어떻겠느냐고 이야기했던 사람이다. 그날 이후 나는 가급적 그의 눈에 띄는 행동을 하지 않으려 조심했다. 몸이 아파도 쉬고 싶다 말하지 않았다. 조직을 총괄하는 캐시의 입장도 이해할 수 있었다. 안경을 쓰고 짧은 머리에 키가 크고 호리호리한 캐시. 크리스마스 연휴의 오후 메인하우스의 3층 사무실에서 캐시를 만났다. 먼저 마돈나하우스의 조직 체계에 대해 물어보았다.

"이곳 컴버미어에 본부가 있고요. 필드하우스는 캐나다에 토론토, 리자이나, 에드먼턴, 밴쿠버, 화이트홀스, 윈저, 미국에 워싱턴, 뉴욕, 그리고 유럽의 벨기에, 영국 등 총 16개가 있어요. 가나, 브라질, 러시아에서 필드하우스를 운영할 때도 있었지만 지금은 하지 않아요.

필드하우스를 만들 때는 중요한 원칙이 있어요. 그 교구의 주교님이 우리에게 여기 와서 어떤 일을 해달라고 초청했을 때, 이것이 주님의 뜻이라고 판단하면, 그리고 지원할 스태프가 있으면 필드하우스를 열지요. 학교 건립 등 큰 목표를 세우지 않아요. 예컨대 리자이나와 에드먼턴 교구에서는 노숙자를 위한 무료급식소를, 벨기에서는 푸드뱅크를 부탁받아 운영해요. 사람들의 영성을 위한 필드하우스도 있어요. 오타와에서는 이른바 '리스닝하우스Listening House'를 운영해요. 동네주민들과의 우정을 유지하며 뿌스띠니아를 제공하는 곳도 있고요."

앞서 마이클은 벨기에 필드하우스, 미리암은 러시아 필드하우스에서 일했고, 심지어 마이클은 프랑스어도 못 하는데 파견을 나갔다고 했다. 〈작은 사명〉의 한 구절이기도 한 "일어나 떠나라. (…) 내가 너희와 함께할지니 두려워 말라"를 실행하는 '순명'에 대해 더 물어보았다.

"사실 캐나다나 미국과 달리 아프리카의 가나, 남미의 브라질 등 다른 문화권에 파견되면 스태프들도 긴장하지요. 그런데 만약 가나에서의 삶이 내 심장을 뛰게 한다면, 디렉터 수잔에게 말하겠지요. 다른 스태프가 더 필요한 상황이라면 그걸 받아들여야 하고요."

그러나 그 스태프가 파견되기를 원치 않으면 거절하거나 다른 선택이 가능할까?

"그럴 때도 디렉터 수잔과 얘기를 하지요. 영적 상담자 신부님과 의논도 하고요. 마음이 받아들이지 못하는 것이 무엇인지 성찰하는 시간을 가져요. 내가 거절하는 것이 단순히 낯선 것에 대한 두려움 때문인지, 내가 자신을 닫은 것인지. 마돈나하우스에서 지내는 것이 나의 소명이고 주님의 뜻이라면, 내 삶의 통제권을 가장 신뢰하는 주님께 맡기는 거예요. 주님께서는 내게 가장 좋은 것을 주시니까요. 내가 좋아하지 않는 방법으로도 말이지요."

캐시의 설명과 함께 키에렌 신부님이 순명에 대해 강조했던 말이 생각났다. "거절할 자유가 있어야 사랑할 수 있다. 우리에게는 선택권이 있고, 그 선택은 사랑의 마음으로 하는 것이다." 거절할 자유가 있지만 그 마음이 무엇에서 비롯된 것인지 기도하고 성찰하는 시간을 갖는다는 것이었다.

기도를 통해 성찰하고 결정하는 것은 러시아어로 '화합'을 뜻하는 '소보르노스트Sobornost, Соборность' 전통과 깊은 연관이 있다. 지성, 감성, 영성이 통합되는 삶이 사랑의 문명을 만들어내는 열쇠라는 것이다. 이것은 마돈나하우스를 운영하는 핵심이자 전통이다.

작은 것이 중요하다

"마돈나하우스에는 기본적으로 남성 디렉터, 여성 디렉터, 사제 디렉터가 있어요. 필드하우스나 작업장마다 디렉터가 있고요. 캐서린 도허티가 세상을 떠난 후에는 한 사람이 20년 동안 총 디렉터를 맡았는데, 그 후에는 5년 2회 중임이 원칙이에요. (최근에는 4년 2회 중임으로 바뀌었다. 가톨릭 수도회에 교황청의 권고가 있었다고 한다.)

디렉터를 선출할 때는 특별히 후보가 있는 게 아니에요. 처음에는 구성원 모두가 디렉터에 적합하다고 생각하는 사람의 이름을 적어서 내요. 그 결과를 개별적으로 쪽지에 써서 전달하고, 다음 투표를 또 하지요. 이렇게 모두 일곱 번까지 할 수 있어요. 그동안 모든 공동체가 기본적으로 필요한 일만 하며 단식하고 기도해서 만장일치로 결정해요."

이렇게 하면 나의 작은 마음을 버리고 내 안에 있는 하느님의 목소리를 들어 공동체를 위해 판단할 수 있다는 것. 지성, 감성, 영성의 통합을 기도와 일상생활뿐 아니라, 디렉터 선출 같은 일에서도 관철해낸다는 것이 놀라웠다. 이어서 캐시는 마돈나하우스가 투명하고 민주적인 운영을 위해 어떤 노력을 하는지 덧붙였다.

"매년 5월, 각 필드하우스 책임자들이 3주 동안 워크숍을 진행해요. 우리가 공유하는 큰 비전을 실현하기 위해 호흡을 맞추지요. 1년에 한 번 전체 미팅에서 결산 보고도 합니다. 그리고 206명의 소통을 위해 각 하우스는 매달 뉴스레터를 써서 하는 일을 공유해요(2007년 기준). 컴버미어 본부는 매주 각 하우스에 우리의 활동에 대한 뉴스레터를 보내요."

그러나 이런 공식적 방법만으로 모든 소통이 해결되지는 않는다. 갈등은 사소한 데서 일어난다. 나 역시 여기서 일상의 작은 문제로 리나 때문에 힘들었던 경험이 있다. 많은 사람이 공동체 생활을 하다 보면 크고 작은 갈등이 있는 것은 당연할 텐데 그때는 어떻게 할까? 캐시가 웃으며 답했다.

"그게 내가 담당하는 문제예요. 사람들의 하소연을 들어주는 것. 청소나 요리보다 사람 관계가 제일 어렵지요. 우리는 작은 것이 중요하다는 것을 알고 있어요. 갈등이 생겼을 때는 왜 그 문제가 생겼는지 이야기하는 시간을 가져요. 때로는 갈등하는 두 사람에게 함께 앉아 대화하게 해요. 우리는 서로의 진짜 목소리에 귀 기울이지 않을 때가 많거든요."

동시에 공동체 구성원 간의 비공식적인 대화를 일상적으로 체계화한 것도 중요한 역할을 한다.

"여성 디렉터와 남성 디렉터는 각 스태프에게 한 달에 한 번 편지를 써달라고 부탁하고 있어요. 디렉터에게 큰 일 중 하나는 답장을 쓰는 거지요. 또 하나, 모든 스태프는 자신의 기념일을 정해요. 대부분 자기 생일 또는 가톨릭교로 개종한 날을 선택해요. 나는 내 생일로 했는데, 그날은 그 필드하우스의 모두가 나에게 카드와 함께 짧은 편지를 써줘요. 나도 편지를 주고받고요. 공동체 구성원들이 개인적으로 친밀해질 수 있는 좋은 기회예요."

작은 일이 중요하다는 공감대. 나아가 공동체가 그 목적과 가치에 맞게 민주적으로 투명하게 유지되도록 하기 위해서는 무엇보다 구성원들이 서로 따뜻하게 사랑하는 정서적 관계가 뒷받침되어야 한다는 것. 이것은 중요하지만 쉬운 일이 아니다.

이곳이 세상에 무슨 의미가 있는가

내가 만났던 마돈나하우스의 구성원들은 영성 공동체가 자칫 빠질 수 있는 위험에 대해 매우 잘 알고 있었다. 공동체에 대한 환상을 가지면 안 된다고 강조했다. 영성 공동체의 빛과 그림자. 빛을 크게 하고, 그림자를 가급적 작게 하려는 노력을 세밀하게 하고 있는 마돈나하우스. 그 존재감이 다시 한번 크게 다가왔다.

"세상 사람들은 마돈나하우스가 있는 줄도 모르는데, 이런 곳이 세상에 무슨 의미가 있는가?" 이것은 마돈나하우스가 안고 가는 질문이자 숙제가 아닐까? 가난한 사람들을 위해 두려워 말고 떠나라는 〈작은 사명〉 기도문을 생활화하며 얻어먹는 삶을 사는 마돈나하우스. 공동체를 지성, 감성, 영성의 통합적 정신을 바탕으로 민주적으로 투명하게 일구려 노력하는 사람들. 이들은 작은 것이 중요하다는 것을 알고 실천하며, 따뜻하고 정서적인 관계를 다져가고 있었다. 이런 공동체의 존재를 직접 눈으로 보고 경험했다는 것. 이것은 나에게 하나의 발견이었다, '순례'의 경험이었다.

마돈나하우스의
코리안 댄서

 진양조의 〈아리랑〉이 흘러나왔다. 가야금과 해금 연주. 그 가락에 맞춰 한 걸음 한 걸음 천천히 발을 떼며 춤추는 사람이 있었다. 분홍색 치마에 연노랑 회장저고리를 입고. 12월 26일 수요일 저녁 메인하우스의 다이닝홀. 백여 명이 보는 앞에서 춤추는 사람은 바로 나. 세상에, 어떻게 이런 일이 일어났을까?

"춤 공연을 하는 건 어때요?"

 열흘 전 코스튬을 수선할 때였다. 며칠 동안 나에게 바느질을 맡겼던 헬렌이 고맙다며 코스튬이 보관된 방을 보여주겠다고 했다.

캐서린 도허티의 추도식 날, 헬렌은 코스튬이 있는 큰 방으로 나를 안내했다. 그곳에는 무대의상과 소품이 두 개의 벽면 선반 위에 가지런히 정리되어 있었다. 톨스토이의 작품 『전쟁과 평화』에서 나타샤가 입었을 법한 드레스부터 신부님의 가운이나 가면, 신발 같은 소품도 많았다. 심지어 한복도 있었다. 개량 한복부터 남자 한복, 여자 한복까지. 반가운 마음에 헬렌에게 말했다. "나, 한국에서 전통춤을 배운 적이 있어요." 헬렌의 눈이 반짝였다. "와, 한국 춤을 보고 싶어요. 크리스마스 연휴 기간에 은경이 춤 공연을 하는 건 어때요?"

여기서 내가 춤을 춘다고? 처음에는 펄쩍 뛰었다. 2006년 방송작가로 일하면서 문화센터에서 진도아리랑, 살풀이, 태평무 등 한국 춤을 1년 넘게 배운 적이 있었다. 당시 질식할 듯 바쁘고 긴장된 삶에 탈출구가 간절했던 나는 방송국 동료들에게는 비밀로 하고 1주일에 두 번 춤을 배우러 다녔다. 작은 공연장에서 10여 명이 함께 전통춤 공연도 한 번 했다. 하지만 혼자 춤 공연을 한다고? 게다가 백여 명의 외국인 앞에서? 생각만 해도 후덜덜. 말도 안 된다고 생각했다. 그런데 헬렌이 거듭거듭 정말 보고 싶다고 부탁했다. 그러고는 한마디 덧붙였다. "네가 원하면"이라고. 이 말이 힘을 발휘했나? 부담스러움과 망설임 사이로 해보고 싶은 마음이 사알짝 고개를 들었다.

일단 한국 전통춤에 어울리는 음악이 있는지 알아보았다. 주은 씨가 다락방 기도실 입구에 있는 시디 중에서 〈아리랑〉을 찾아주었다. 가야금 등 한국 악기로 연주한 음악은 깊고 아름다웠다. 음악을 듣고 또 들었다. 그런데 배웠던 춤 동작이 기억나지 않았다. 어떻게 할까? 며칠 동안 잠을 설치며 고민했다. 여기서는 무언가 결정할 때 하느님의 말씀을 듣는다는데. 나도 미사 시간에 기도를 했다. "하느님, 어떻게 할까요?" 어느 날 밤, 잠을 자다 엄마 생각이 났다. "쿵다닥 쿵닥" 하며 엄마와 어설프게 굿거리장단을 밟았던 열 살 무렵의 시간이. 여기서 내가 춤을 추면 엄마가 참 좋아하겠구나. 내 마음은 답을 내리고 있었다.

나의 심장은 춤추는 자

어느 날 영적 독서 시간에 데이비드 신부님이 캐서린 도허티의 책에 실린 〈나의 심장은 춤추는 자 My heart is a

Dancer〉를 낭독했다.

나의 심장은 춤추는 자.
슬프나 기쁘나 춤추며 살아간다.
나의 심장은 그늘과 햇빛 어디서든 언제나 춤추며 살아간다.
나의 심장은 모르는 음악에 몸을 맡겨 춤추는 자.
나뭇잎 사이로 들리는 바람의 노래에 따라 몸을 맡긴다.
언제나 춤추며 일생을 살아간다.
나의 심장은 시간과 영원을 가로질러 열정의 춤추는 자.
불꽃이 부르는 노래와 눈과 비가 들려주는 음악에 맞춰 춤추는 자.
(…)

"My heart is a dancer." 이 글이 나를 자극했다. 춤을 추며 몸과 마음이 열렸던 예전의 경험이 다시 살아나는 것 같았다. 빡빡했던 방송국 생활을 하며 열과 성을 다해 춤을 추러 다녔던 것은, 그 시간이 나의 지친 영혼을 달래주었기 때문 아닌가. 그래 해보자, 춤을 추자. 떨리는 마음으로 헬렌에게 내 결심을 이야기했다.

하지만 연습할 시간이 따로 주어지지는 않았다. 다만 휴식 시간이 허락되면 3층 기도실 다락방에서 헤드폰을 쓰고 음악을 듣고 또 들었다. 신기하게도 배웠던 춤 동작이 하나둘 떠올랐다.

햇살과 함께 나 홀로 춤추다

크리스마스 다음 날인 26일 수요일 오전 10시. 세인트 라파엘의 문을 열고 들어갔다. 저녁 공연을 위해 혼자 연습할 수 있는 시간이 비로소 주어졌다. 2층으로 올라가니 삐걱거리는 마루 위로 투명한 빛살이 넓은 창문을 통과해 쏟아지고 있었다. 오래된 시디플레이어를 켜자 음악이 흘러나왔다.

깊은 호흡을 하며 천천히 무릎을 들어 굴신 동작을 했다. 나 말고 아무도 없는 조용한 공간에서 온몸을 샤워하듯 감싸주는 햇살과 더불어 혼자 춤추는 시간은 황홀했다. 진양조에서 시작해 중모리, 자진모리, 휘몰이로 이어지는 음악을 들으며 5분 남짓한 안무를 완성했다. 초반에는 천천히 발동작만 하고, 긴 스카프로 살풀이 느낌을 내며 마무리하자. 나머지는 그 순간의 느낌에 맡기자. 두 시간가량 춤에 몰입해 연습했다. "나의 심장은 춤추는 자", 내가 바로 그 댄서였다. 나뭇잎 사이로 바람의 노래에 시간과 영원을 가로질러 춤추는 사람.

"소름 돋을 만큼 감동했어요"

그날 저녁. 식사가 끝난 다이닝 홀에서 사람들은 춤 공연을 위해 의자를 세팅했다. 양쪽에 객석이 있고 가운데 복도가 중앙무대. 모두의 눈이 집중하는 가운데, 내가 무대에 섰다. 가슴이 콩닥콩닥. 그런데 막상 춤을 추기 시작하자 긴장했던 마음이 사라졌다. 그날 오전 햇빛과 함께 혼자 연습하면서 느꼈던 충만감 덕이었을까. 아니면 마돈나하우스 사람들의 격려 어린 눈빛 때문이었을까. 나는 완전히 몰입했다.

처음에는 천천히 아주 천천히 정적인 걸음을 딛고, 그 다음에는 손가락, 어깨춤. 나중에는 음악에 나를 맡겼다. 사람들의 숨소리가 느껴졌다.

춤이 끝났다. 한국식 절로 마지막 인사를 하려 했는데 몸이 말을 듣지 않았다. 더 이상 남은 힘이 없었다. 다리가 후들후들 힘이 빠지며 나도 모르게 털썩 주저앉았다. 그 순간 모두 일어나 흥분의 박수갈채를 보냈다. 부끄러움보다 자유와 해방감이 밀려왔다. 벅찬 마음이 뻥 뚫린 듯 시원했다. 내가 나에게 놀라는 순간이었다.

마음을 수습하고 퇴장해 작은 방에서 폭풍 같은 인사 세례를 받았다. 기도 릴레이 파트너 미리암, 메인하우스 디렉터 캐시, 메리 할머니, 하우스 마더 잔, 무뚝뚝한 폴 신부님, 피아노 치는 로버트 신부님, 게스트 내오미와 카타리나. 모두 직접 찾아와 활짝 웃으며 "최고였다", "고맙다"라고 인사를 전했다. 키에렌 신부님은 내가 쓰러지듯 절했던 마지막 장면이 인상적이었다고 말했다.

그중에서 특별히 고마웠던 스태프가 있다. 내가 작은 방에서 옷을 갈아입을 때 문 앞에 서서, 누군가 찾아오면 은경이 지금 옷을 갈아입고 있으니 기다리라고 말해주었던 사람. 그는 나 혼자 '데스마스크'라고 별명 붙였던 여성 K였다. 내가 옷을 갈아입고 문을 열고 나왔을 때 K가 눈을 반짝이며 말했다. "당신 춤에 소름 돋을 만큼 감동했어요."

고백하자. 나를 아는 사람들은 모두 안다. 내 몸이 얼마나 뻣뻣한지. 멋진 춤하고는 거리가 멀다. 그런데도 마돈나하우스 사람들은 나의 춤에 몰입해주었다. 응원, 격려, 지지의 시선으로 나에게 힘을 주었던 최고의 관객이었다. 이들 덕분에 내 안의 장벽 하나를 무너뜨릴 수 있었다.

그날의 춤은 함께했던 기도

"웃음, 눈물, 노래 모두 기도지요." 언젠가 차를 마시며 마돈나하우스 사람들이 이야기할 때 내가 한마디 거들었다. "춤도 기도예요." 모두들 공감했다.

춤은 기도다. 나도 몰랐던 내 안의 나를 피부 밖으로 꺼내 다른 내가 된다. 나를 더 사랑하게 된다. 혼자 추는 춤은 물론 함께 보는 춤, 함께 추는 춤은 더욱 강력한 기도다. 마돈나하우스에서의 내 춤도 백여 명이 함께한 기도였다. "나의 심장은 춤추는 자." 이렇듯 강렬한 감동과 함께 마돈나하우스와 이별할 시간이 다가오고 있었다.

4년 후 나의 젊은 친구 김민경 씨가 마돈나하우스에 다녀와서 말했다. "마돈나하우스에서 은경 선생님을 설명할 때 '코리안 댄서'라고 하면 다 알아요." '코리안 댄서'라니. 내 일생 가장 자랑스럽고 멋진 호칭이다.

안녕!
마돈나하우스

아침부터 눈이 퍼부었다. 눈을 덮어쓴 나무들 사이로 보이는 마다와스카강 얼음 위에도 눈이 더욱 두텁게 쌓이고 있었다. 이 고요한 소리를 깨는 것은 나의 발소리뿐. 매일 오가던 오솔길도 마지막이었다. 걸음이 느려졌다.

가장 간직하고 싶은 것

12월 27일 목요일 오후 3시, 세인트 메리에 도착하니 문 앞에서 헬렌이 기다리고 있었다. 대학에서 연극을 전공한 그는 목소리가 깊고 아름다웠다. 며칠 전 그에게 캐서린 도허티의 글을 낭독해달라고 부탁했다. 편지, 바느질, 연극, 부엌에 대한 생각을 영성과 연결한 명료한 글. 한국에 돌아가 반복해 듣고 싶었다. 두 평 남짓한 작은 방에서 그는 소리 내 읽고, 나는 녹음했다. 그의 목소리가 이별의 선물 같았다. 헬렌이 따뜻한 차 한 잔을 따라주며 물었다.

"마돈나하우스에서 가장 간직하고 싶은 것이 뭐예요?" 아, 맞아. 헬렌은 모든 게스트의 마돈나하우스 방문 신청 메일을 받고 답장하는 일을 하는 사람이지. 선뜻 대답할 말이 떠오르지 않았다. 내가 웃으며 말했다. "당신의 질문을 간직할게요."

헬렌이 작별 인사로 나를 안아주었다. 그러고는 메인하우스까지 차로 데려다주었다. 현관에서 수녀원 학교장이었던 카렌을 만났다. 내일 떠난다고 인사하자 카렌은 눈을 반짝이며 내 손을 잡았다. "언젠가 꼭 다시 보면 좋겠어요." 주름진 얼굴에 퍼지는 웃음이 따뜻했다. 피아노를 치는 로버트 신부님도 지나가며 말했다. "어제 춤 정말 멋있었어요. 고마워요."

저녁 미사 시간은 유난히 고요했다. "이 시간이 내 인생에 귀한 거름이 되기를 바랍니다." 더 간절한 기도를 하고 싶었지만 떠오르지 않았다. 그저 같은 기도를 반복했다. 오늘 미사곡은 내가 좋아하는 〈기뻐하라Gaudete〉. 미사곡치고 파격적으로 흥겨운 리듬 덕분에 마음도 밝아졌다. 운 좋게도 오늘 미사는 나의 영적 상담자 키에렌 신부님이 집전했다. 그를 보며 생각했다. 미사곡의 리듬에 저토록 즐겁고 가볍게 몸을 흔드는 소년 같은 영혼의 사제를 다시 볼 수 있을까.

저녁 식사를 마친 후 작은 기도실에서 키에렌 신부님과 마주 앉았다. "두 달 동안 크게 아프지 않고 잘 지낸 것은 정말 기적이에요. 하느님과 여기 모든 분들, 그리고 나 자신에게 정말 고마워요." 그는 진심으로 축하해주었다. 그리고 '한국에 돌아가 이 고요하고 단순한 삶을 지속할 수 있을까' 걱정하는 내게 말했다. "그런 삶을 위해 기도하세요. 하느님이 도와줄 거예요." 기도하라는 말이 깊이 꽂혔다. 그래. 내가 여기서 매일 이들과 함께했던 것이 기도였지. 기도의 힘을 잊지 말자.

"축복 기도를 해도 될까요?" 신부님이 물었다. 와, 이건 생각도 못했는데. 신부님이 내 머리에 손을 얹었다. 전부 알아듣지는 못했지만 내 마음의 평화와 영적인 삶이 한국에서도 이어지기를 기도했으리라.

숙소로 돌아와 서둘러 가방을 쌌다. 크리스마스 연휴

기간 동안 사람들을 인터뷰하고 작별 인사를 하느라 짐 쌀 여유가 없었다. 밤 10시 30분, 세수를 하고 자리에 누우니, 하우스 마더 잔이 축복 기도를 해주었다. 축복받는다는 것은 그리스도교 신자가 아닌 나에게는 새로운 경험이었다. 정화되는 느낌이랄까. 언젠가 나도 부처다, 부처의 눈으로 사람들을 보자, 다짐했던 기억이 있는데. 축복 역시 자신을 신의 자리에 올려두는 행동으로 보였다. 축복과 자비는 같은 선에 있는 게 아닐까? 이런 생각을 하며 잠들었다.

새벽 2시에 깼다. 잠이 오지 않았다. 설핏 잠든 사이 꿈을 꾸었다. 죽었다가 다시 살아나는 약을 먹었다. 여기서 '부활'에 대한 이야기를 많이 들어서인가? 사람들은 이 약을 먹으면 쉽게 다시 살아나는데도 왜 먹지 않을까? 이상하네. 자세한 내용은 생각나지 않지만 곱씹어보고 싶은 꿈이었다.

12월 28일 금요일, 떠나는 날 아침. 토론토로 떠나는 버스 시각은 오전 10시. 아침식사를 마친 후 서둘러야 했다. 마돈나하우스에는 평소 오고 가는 게스트가 많아 대부분 조용히 떠난다. 하지만 나는 그냥 가기가 아쉬웠다. 디렉터 캐시에게 부탁해 시간을 얻었다.

앞에 나가 미리 적어둔 쪽지를 보며 인사했다. 활짝 웃으면서. "여러분 모두 정말 고마워요. 이곳을 언제나 잊지 않을 거예요." 따듯한 박수가 터졌다.

알렉스의 편지

화장실을 청소하는 알렉스가 차 타는 곳까지 가방을 옮겨주었다. 그러고는 내 손에 무언가를 전해주었다. 토론토 가는 버스 안에서 알렉스의 쪽지를 꺼내 보았다.

친애하는 은경 '언니'. 지난 몇 주 동안 은경 언니를 알게 된 것은 기쁨이고 축복이었어요. 크리스마스와 새해가 기쁨, 평화, 건강으로 가득하기를. 그리고 마돈나하우스의 정신을 실현하는 마음이 언제나 함께하기를 기도합니다. 평화와 기도의 마음을 담아.

은색, 녹색, 청색 실로 눈꽃과 이파리를 수놓은 작은 카드에 한국말 '언니'가 영어로 적혀 있었다. 그 정성에 뭉클 목이 메었다. 그런데 내가 과연 한국에서 마돈나하우스의 정신을 실현하며 살 수 있을까? 차창 밖에는 고속도로의 단풍나무 가로수가 빠르게 스쳐갔다. 버스가 달리는 속도만큼이나 마돈나하우스가 내게서 멀어지는 것 같았다.

코트 주머니에서 또 한 장의 종이를 꺼냈다. 마돈나하우스에서 불렀던 미사곡 〈다니엘 찬가Canticum Dan〉. 특별히 이 노래가 좋아 가사를 적어둔 것이었다.

해와 달, 그리고 하늘의 별
빛과 어둠, 번개와 구름
찬양하라, 찬양하라

나즈막하게 노래를 불러보았다. 어제 헬렌이 했던 질문이 떠올랐다. "은경이 마돈나하우스에서 가장 간직하고 싶은 것이 무엇인가요?" 그 질문을 곱씹어보았다.

외로움과 고독을 구별하지 못했던 나. 마흔다섯까지는 특히 외로움을 견디기가 힘들었다. 늦가을 11월에는 해 저무는 시간이 두려울 정도였다. 그런데 마돈나하우스의 뿌스띠니아에서 경험한 마음의 사막, 절대적인 고요의 소리는 우물 같고 천둥 같았다. 깊고 아름다웠다. 고독의 시간이 그리웠다. 외로움은 자신을 갉아먹지만, 고독은 자신의 내면과 만나는 큰 힘이었다. 먹고, 기도하고,

단순한 일을 하고, 노래를 부르고, 산책을 하고, 하염없이 내리는 눈을 바라보고. 일상의 모든 것이 기도였던 이 시간은 내게 충만감이 무엇인지 알려주었다.

그런데 이곳에서 두 달 정도 다른 삶을 살았다고 한국의 도시 그것도 서울에서 살고 있는 나의 삶이 드라마틱하게 변할 수 있을까? 여전히 일과 성취가 중요한 나에게 '고독'과 '영성'은 어디에 자리해야 하는가? 일상이 기도가 되는 삶, 가난하고 단순한 삶, 그리고 내가 희망하는 공동체는 어떤 모습일까?

이 질문을 꼭 붙잡고 가자

차창 밖으로 멀리 강물이 보였다. 지난 두 달여 시간도 저 강물처럼 흘러가리라. 다 지나가리라. 하지만 다 지나가고 흘러가도 내가 꼭 붙잡아야 할 것이 있다. 고독과 영성, 단순한 삶과 공동체를 나의 삶에 어떻게 초대할 것인가? 이 질문 하나만은 꼭 잡고 가자.

참았던 눈물이 쏟아졌다. 그러나 이 눈물은 이별의 쓸쓸함이나 슬픔과는 결이 달랐다. 불교 언어로 '업장을 녹이는 눈물'이랄까? 충분히 사랑을 나눈 후에 흘리는 이별의 눈물이 이러할까? 내 인생에 잊지 못할 그리움 하나를 새기는 눈물, 이 눈물을 가끔 꺼내 보리라. 이 그리움이 나에게 큰 힘이 되리라. 나는 눈물을 닦고 차창 밖 나무를 바라보았다. 하늘을 향해 나뭇가지가 뻗어가고 있었다.

돌아와
한국에서

한국에서 나의 시계는 빠르게 돌아갔다. 캐나다에서 돌아오고 며칠 후 다시 정반대 방향으로 비행기를 탔다. 2008년 1월, 문명교류학의 권위자 정수일 선생이 인솔한 요르단, 시리아, 레바논 답사 여행. 2주일 동안 유대교, 기독교, 이슬람교 등 종교 문명의 현장을 돌아보았다. 종교와 권력은 어떤 관계가 있는가? 왜 모든 종교는 평화와 사랑을 말하지만, 모든 전쟁에 관여되어 있는가? 종교와 예술, 민주주의는 어떤 관계인가? 질문을 얻었다.

답사 여행을 마치고 집에서 몸을 추스르기도 전에 KBS의 피디에게 전화가 왔다. 노회찬의 총선 도전 과정을 다루는 다큐멘터리를 만들자고 했다. 평소 진보 정치에 관심이 많았던 나는 다시 일에 몰두했다. 인터뷰를 하고, 다큐멘터리 편집 구성안을 짜고. 선거에서 노회찬이 패배한 다음 날 밤새워 초치기로 원고를 썼다. 그리고 이 작품을 끝으로 나의 두 날개인 시민교육과 방송 중 하나를 접었다. 더 이상 미련이 없었다.

지성, 감성, 영성의 통합

그 대신 다른 쪽 날개가 나를 부르기 시작했다. 어느 날 휴대폰이 울렸다. 진영종 교수였다. 2004년 무렵 성공회대학교 사회교육원에서 시민교육을 함께했던 그는 무조건 나를 만나자고 했다. 2008년, '광우병 촛불'이 거세게 타오르던 때였다. 막걸리 집에서 낙지볶음 한 접시를 시켜놓고 그가 제안했다. '참여연대'에서 시민교육을 다시 시작하는데 함께하자고. 느낌이 좋았다. 그래, 진짜 내가 하고 싶은 새로운 교육을 해보자. 기분 좋은 긴장의 고무줄이 팽팽하게 당겨지는 느낌이랄까? 흔쾌히 수락했다.

다시 마돈나하우스의 고요한 삶과는 거리가 먼 시간이 이어졌다. 나는 매일 기도하고 명상하는 삶을 살지 못했다. 미사에 참석해 성가를 부르지 않았다. 절에 다니지도 않았다. 마돈나하우스에서는 청소, 설거지, 바느질, 음식 만들기 등 모든 일상이 기도가 되었지만, 서울에서 바쁘게 사는 나에게 그것은 쉽지 않았다. 때로는 마돈나하우스에 다녀오긴 했나? 꿈을 꿨나? 싶을 정도였다. 그러나 분명 달라진 것이 있었다. 마돈나하우스를 떠날 때 품었던 질문. "고독과 공동체, 영성과 단순한 삶은 어디에 자리할 것인가?" 마음 한 구석에 언제나 이 질문이 숨을 쉬고 있었다.

끌어당김의 법칙 때문일까? 참여연대 '아카데미느티나무'에서 시민교육을 준비하며 미국의 교육자 파커 파머를 만났다. 책 『가르칠 수 있는 용기』(한문화, 2024)에서 "지성, 감성, 영성의 통합"을 강조하는 파커 파머의 이야기는 영성에 대해 눈뜨기 시작했던 내게 깊은 영감을 주었다. 세상과 자신의 변화를 원하는 시민이 진정한 민주주의자의 힘을 가지려면 이 세 가지가 통합되어야 한다는 것이었다. 사회 변화와 민주주의를 희망한다면 권력과 자본, 외부 세계에 저항하는 것만으로는 취약하다. 시민에게 강한 자아와 자존감이 있어야 타인을 존중하며 공감하고 연대할 수 있다.

눈이 번쩍 뜨였다. 마돈나하우스에서 추구하는 '소보

르노스트'의 전통도 이것과 통하는 것이었다. 나는 참여연대 아카데미느티나무에서 '지성, 감성, 영성이 통합된 배움의 공동체를 어떻게 만들 수 있을까' 고민했다. 프로그램의 내용, 방식은 물론이고 함께 배우는 공간에서 질문과 의견을 나누며 사람을 만나는 태도, 간식 나누기 등 작은 일까지 정성을 다했다.

강의 한번 듣고 가는 수동적인 배움이 아니라, 자신을 성찰하고 표현하며 느슨한 사회적 친구가 되는 배움의 공동체를 위해 공을 들였다. 책 모임에는 자신과 타인의 통찰을 나누는 영적 독서 방식을 도입했다. 모임의 시작과 끝에는 그날의 내용과 연결된 시를 낭독하고 노래를 불렀다. 여름과 겨울에는 종강 파티와 송년회를 했다.

이런 시간이 쌓여 참여연대 아카데미느티나무는 "몰랐던 사람들이 친구가 되는 편안하고 즐거운 놀이터", "나이와 상관없이 존중하며 서로 배우는 곳", "언제나 새로운 실험을 할 수 있는 곳", "제2의 인생을 시작하는 데 용기를 준 엄마 같은 곳", "힘들 때 찾아와 쉬고 싶은 곳"이 되었다.

사회적 영성

그런데 가장 친한 후배를 비롯한 많은 사람이 질문한다. "영성은 기독교 언어 아닌가요? 왜 시민의 삶과 변화에 영성이 필요해요?" 내가 생각하는 영성은 절대적인 것, 본질적인 것, 영원한 것과 연결되려는 마음, 태도, 행동이다. 불교에서는 '참 자아', 기독교에서는 '사랑의 힘'. 그것은 자기 내면의 깊고 깊은 곳에 숨어 있는 진짜 자신의 목소리를 듣는 능력과 통한다. 나아가 영성을 개인의 행복과 구도의 차원에 한정하지 않고 사회적으로 실현하고 연결하려는 것이 사회적 영성이다.

"가난한 이들에게 손으로 직접 건네주어라." "떠나라." "보이지 않게 네 이웃의 발치를 비추는 빛이 되어라." 마돈나하우스의 기도문 〈작은 사명〉이 추구하는 것도 사회적 영성과 맥이 닿는다. 자신이 원하는 삶을 자신이 운전해서 용감하게 끌고 나가는 능력, 세상과 자신에 대해 질문하는 능력이다. 사회적 영성은 성찰의 힘을 바탕으로 한다. 성찰의 힘으로 단련된 강한 자아는 자존감의 뿌리가 된다.

많은 사람이 그 형식적 의례가 싫다며 종교와 거리를 둔다. 나 역시 그러했다. 그러나 종교의 핵심은 의례나 교리가 아니라 깨달음과 변화다. 믿음이 아니라 실천과 행동이다. 산을 올라갈 때 여러 길과 방법이 있듯 종교에도 깨달음을 향해 가는 여러 길이 있다. 깨달음의 자리에서 심층의 모든 종교는 통한다.❖ 내 종교만이 옳다고 주장하며 대립하는 표층 종교의 차원에서 권력자들은 자기 이익을 위해 갈등과 전쟁을 일으킨다.

나는 심층 종교의 영성을 마돈나하우스에서 경험했다. 그들은 자신의 종교를 강요하지 않았다. 가톨릭은커녕 아무 종교도 없는 나를 존중하고 환대했다. 가톨릭의 종교적 영성을 두 달 남짓 진하게 체험한 나는 종교를 초월한 사회적 영성의 세계로 돌아왔다. 마돈나하우스에서의 경험은 그 근육을 키워준 집중 훈련의 시간이었다.

시민 예술, 공동체 예술의 세계

마돈나하우스에서의 공동체 경험은 나에게 어떤 영향을 주었을까? 마돈나하우스에서 나는 그렇게 나이 들고 싶은 공동체의 모델을 보았다. 공동체에 대한 막연한 두려움이나 거부감이 사라졌다.

❖ 『종교, 심층을 보다』, 오강남, 현암사, 2011.

공동체에는 빛과 더불어 그림자가 공존한다. 대부분 크고 작은 공동체에서 상처받았던 경험이 있다. 개인의 차이가 무시당하거나 고독의 시간이 침해당했던 기억이 있다. 나 역시 그러했다. 그러나 우리에게는 서로 지지하고 격려하는 친구가 필요하다. 서로를 비추어주며 함께 성장하는 관계를 원한다. 그러려면 각자의 상황과 취향에 맞게 공동체의 가치, 성격, 구성 방식을 선택할 수 있어야 한다. 고정관념을 가지고 공동체를 바라보지 말자. 나는 '공동체성'이라는 말을 즐겨 사용한다. 현실에서 내가 원하는 만큼 공동체성의 수준을 선택하고 그것을 위해 손을 잡으려 노력한다.

지금 여기서 마돈나하우스 같은 강력한 영성 공동체 생활은 불가능하다. 원하지도 않는다. 그러나 내가 처한 상황에서 가능한 만큼 서로의 성장을 돕는, 즐겁고 친절한 관계망을 만드는 삶은 가능하다. 공동체가 이른바 '그들만의 폐쇄적인 리그'가 되지 않으려면, 그 공동체의 비전과 가치를 공유하며 고독, 우애, 환대의 열고 닫음이 함께해야 한다. 그것이 없으면 그 공동체는 생명력을 잃는다. 물론 나에게 처음부터 어떤 확신이나 답이 있었던 것은 아니다. 다만 나의 삶에서 가능한 만큼 그 싹을 키우기 위해 노력했고, 마돈나하우스에서의 경험은 그 바탕이 되는 힘이었다.

마돈나하우스에서 언제나 춤, 연극, 노래 등 예술이 함께했던 경험도 영향을 미쳤다. 기도하며 성찰하고 표현하는 예술을 통해 공동체의 구성원들은 더욱 깊이 연결되었다. 나는 시민 예술의 세계에 한 발 한 발 다가갔다.

가장 먼저 시작한 것은 그림. 2010년부터 토요일 오전 서울 곳곳에 나가 그림을 그리는 '서울드로잉' 프로그램을 개설했고 나도 함께 그림을 그렸다. 중고등학교 때 미술 시간이 싫었고 미술 점수도 70점을 넘지 못했던 내가 35년 만에 화방에 가서 스케치북과 물감을 마련했다. '이게 과연 될까' 하면서.

그런데 신기한 일이 일어났다. 처음 그림을 그리기 시작하고 한 달. 벚꽃이 화려한 4월의 봄날, 따뜻한 오전 햇살을 받으며 서울 북촌의 한옥을 그릴 때였다. 햇살의 움직임에 따라 그림자가 시시각각 변하는 느낌, 나무 그림자가 흔들리는 순간. 그걸 표현하려고 집중하는 내게 스멀스멀 행복감이 밀려왔다. 한옥의 창문, 창살, 나무 기둥을 하나둘 세어가며 스케치할 때는, 내가 목수가 되어 집을 짓는 것 같았다.

이렇게 그림을 그리기 시작해 2020년 참여연대 아카데미느티나무 원장으로 정년퇴직할 때 40여 점의 작품으로 개인전을 열었다. 지금도 여행 갈 때 가방에 옷보다 먼저 스케치북과 펜을 챙긴다.

춤 역시 몰입과 기도의 시간이다. '마돈나하우스의 코리안 댄서'였던 나는 한국에 돌아와 새로운 꿈을 꾸었다. '도시에서 유목민처럼 자유롭게 춤을 추자.' 꿈은 현실이 되었다. 2014년부터 시민 소모임 '도시의 노마드' 친구들과 함께 춤을 추고 있다. 대낮의 광화문 거리에서, 공원에서 춤을 춘다. 동해 바닷가 모래사장에서 떠오르는 해를 보며 출렁이는 파도와 함께 몸을 흔든다. 오대산 계곡에 발을 담그며 춤을 춘다.

여럿이 함께하는 애도의 춤은 강력한 공동체의 리추얼이다. 2014년에는 광장에서 세월호 참사를 기억하는 춤을, 2016년 겨울에는 박근혜 탄핵을 위한 춤을, 2017년에는 시청광장에서 6월항쟁 30주기를 기념하는 춤을, 2023년에는 관동대지진 100주기를 추모하는 춤을 추었다. 2024년 가을에는 이태원 참사 희생자를 위해 광화문광장에서 10여 명이 손을 잡고 춤을 추었다.

그해 말에는 도시의 노마드 10주년을 기념해 열두 명

의 친구들이 각자의 '자화상 공연'을 했다. 나도 5분 남짓 음악에 집중해 나를 표현했다. 어느 날 밤의 고독한 느낌을 표현하는 춤. 오래전 이란을 여행할 때 시장에서 구입한 올리브색 드레스에 내가 염색한 쪽빛 스카프를 휘날리며 실크로드의 여인이 되었다. 춤을 추는 사람도, 다른 이의 춤을 몰입해서 바라보는 사람도 춤사위 속 깊은 소리를 듣는 시간, 이것이 기도가 아니면 무엇인가.

또 하나, 시민연극단을 만들어 함께하고 있다. 2015년 내 안의 세월호 참사의 경험을 표현하는 연극 〈기억을 기억하라〉를 첫 공연으로 시작해 매년 연극을 무대에 올렸다. 2025년 5월에는 10주년 기념 공연을 했다. 연극을 함께하는 친구들이 말한다. "직장에서 번아웃 상태였는데 연극을 하면 사는 게 재미있어요." "나도 몰랐던 나의 여러 모습이 튀어나와요. 최고의 놀이예요."

나 역시 놀라운 경험을 했다. 나하고는 전혀 다른 캐릭터를 연기하면서 새로운 나를 발견했다. 손님들의 이야기를 수집하는 제주의 게스트하우스 사장. 그를 짝사랑하는 여인을 연기할 때였다. 내 안에 묻어둔 질투, 사랑, 욕망을 마음껏 내질렀던 나는 영광스럽게도 신스틸러 소리를 들었다. 2024년 안톤 체호프의 〈갈매기〉를 낭독연극으로 무대에 올렸을 때는, 매력 없는 늙은 남성이라 싫어했던 역할을 연기하면서 인생에 대한 그의 후회, 안타까움에 공감하며 몰입했다.

이렇듯 나이 오십이 넘어 그림, 춤, 연극 등 시민 예술을 경험하며 발견한 것이 있다. 시민 예술은 최고의 성과를 내야 하는 전문예술과 다르다. 혼자 잘하려는 예술이 아니다. 즐거워서 좋아서 함께하는 예술이다. "살아 있다는 것을 즐기는 능력을 몸에 익힌 시민"❖은 소심함과 두려움을 걷어낸다. 자존감과 연결의 느낌을 키워준다. 이것은 사회적 영성과 통한다.

나의 소명을 위하여

나는 2020년 말에 정년퇴직했다. 그러나 직업과 소명은 다르다. 돈을 버는 직장에서는 퇴직했지만, 좋아하는 일은 그만두지 않았다. 오히려 그동안 업무에 쫓겨 미루었던 일에 집중했다. 40년 동안의 시민교육 경험을 선물로 전하기 위해 책 『어른에게도 놀이터가 필요하다』(궁리,

---

❖ 『경제성장이 안 되면 우리는 풍요롭지 못할 것인가』, 더글러스 러미스, 녹색평론사, 2011.

2022)를 썼다.

2023년에는 1인 시민교육연구소 '또랑'을 만들었다. 또랑은 '작은 물길'이라는 뜻이자, '또 너랑 나랑'의 줄임말이기도 하다. 독서 모임, 희곡 읽기 모임, 글쓰기 모임. 춤, 그림, 연극 등 시민들의 소모임은 우리 삶에 실핏줄, 골목길, 소금 같은 존재다. 나의 희로애락을 표현하는 안전한 공간, 세상 속 작은 무대가 있다면 우리는 함께 성장할 수 있다. 성찰하고 연결하는 시민의 놀이터가 많아져야 우리 사회가 튼튼해진다고 생각한다. 이를 위해 나는 "유쾌한 삶을 위한 시민서클 꿈지락: 나와 세상의 변화를 위해 소모임력을 키우자", "모든 시민은 예술가, 모든 시민은 기획자"를 주제로 한 교육과 워크숍을 진행하고 있다.

나의 삶과 배움에 사회적 영성과 공동체는 어떤 의미인가? 마돈나하우스에서 얻은 질문을 품고 가는 이 길이 고맙고 행복하다.

지리산과 실상사에서
만난 고요

정년퇴직을 한 후 지리산 실상사 앞 마을에 월세방을 얻었다. 도시를 떠나 새로운 삶을 경작해보자. 깊은 고독과 고요를 누리며 책 집필에 집중하자. 2021년 2월 코로나가 한창 기승을 부리던 때였다.

지리산과 실상사는 서울에서 나고 자란 내가 가장 여러 번 찾았던 곳이었다. 스물다섯 살에 처음 지리산 종주를 한 다음 아무리 바빠도 매년 한 번 이상 지리산 산행을 했다. 마흔 살에 실상사 도법스님과 인연을 맺은 후에는 템플스테이를 했다. 지리산의 자연과 실상사는 정년퇴직을 하고 새출발하려는 나에게 기꺼이 비빌 언덕이 되어주었다. 2007년 마돈나하우스가 나에게 그러했듯이.

지리산 뱀사골의 3월, 흐르는 계곡 바위틈에 피어 있는 진달래를 보고 또 본다. 비 온 뒤 파란 하늘과 대비되는 분홍빛. 그 하늘하늘 여린 꽃잎과 가녀린 꽃술. 작은 종들이 매달린 것 같은 샛노란 히어리꽃에 감탄한다. 뱀사골 맑은 물, 새봄의 빛으로 온몸을 샤워한다.

4월에는 둘레길 따라 친구 집에 걸어가다가 보았다. 창가에 놓인 화분들이 저 멀리 산자락과 이야기를 나누는 듯 다정한 풍경. 그날은 그림 도구가 없어 그냥 돌아왔지만 그 풍경이 눈에 어른거린다. 하늘이 깨끗한 어느 오후, 그 집에 다시 간다. 집주인은 외출하고 나 혼자 음악을 들으며 그림을 그린다.

5월, 아침에 눈 뜨자마자 새들이 재잘거리는 소리에 밖으로 나와 윗마을로 산책을 간다. 담장 너머 떨어진 매실을 하나둘 줍는다. 그냥 두면 지나가는 자동차에 으깨어질 터. 손에 한 아름 줍고 있으니, 집주인 아주머니가 내다본다. "이건 못 먹어요. 아직 여물지 않아서." "연둣빛이 너무 고와서 방에 놓고 보려고요."

이 매실나무는 서른 살. 아들을 낳고 나무를 심었단다. 집으로 돌아와 매실을 깨끗하게 씻어 마당에서 말린다음, 유리잔에 넣어 테이블에 올려두었다. 매실의 연녹색 빛깔이 투명하다. 페미니스트 영성운동가 벨 훅스Bell Hooks는 "집 안을 행복하게 꾸미는 일은 자신을 사랑하는 데 도움이 된다. 새로 이사를 갈 때마다 그곳에 새로운 테마를 정한다"❖라고 했는데, 내 방은 '고독과 자연을 사랑하는 방'이라고 할까?

오후에는 건넛마을로 15분을 걸어간다, 몽이 산책을 위해. 약 40센티미터의 작은 몽이는 친구네 뒷집 강아지다. 그 마을의 친구 집에 잠시 머물 때 갓 태어난 몽이를 처음 만났다. 몽이의 첫 번째 산책은 내가 선물했다. 주인은 농사일이 바빴다. 개를 키워본 적 없는 사람이 난생처음 세상 구경을 하는 개와 함께하며 몽이도 나도 땀을 뺐다.

어제는 잠시 목줄의 손잡이를 나무에 걸어두었더니, 몽이가 확 뛰어나가며 고리를 끊어버렸다. 자유의 몸이 된 몽이는 천방지축 펄쩍펄쩍 신나서 뛰어다닌다. 순간 얼마나 당황했는지. 녀석을 잃어버리면 어쩌지? 다행히 몽이가 뛰다가 나를 돌아보며 속도를 맞춘다. 집에 돌아

❖ 『올 어바웃 러브』, 책읽는수요일, 2012.

와 물을 마시는 몽이의 목줄을 잡아 거는 데 성공. 그렇게 우리는 매일 만나는 친구가 된다.

집으로 돌아오는 논두렁길. 후드득 가랑비가 내린다. 벼 모종을 심은 논 수면에 동그라미 모양의 파장이 일어난다. 순간 피었다 사라지는 원형의 파동. 너무도 아름다워 영상을 찍으려 하니 그사이 비가 그친다. 3분이나 될까? 이런 파동은 주룩주룩 빗줄기가 굵어도, 벼의 키가 커도 볼 수 없다. 여리디여린 자연이 만들어낸 예술작품. 저절로 큰 숨을 마시고 내쉰다. 깊은 연결의 느낌, 우주가 내 숨 안에 있다.

배가 고파 서둘러 집으로 들어온다. 실상사에서 일하는 마을 친구 수지행이 텃밭에서 뜯어준 미나리로 전을 부치고, 시금치를 데쳐 나물을 무친다. 된장국에 밥, 김치, 연어를 곁들인 샐러드로 밥을 먹는다. 창밖 풍경 한 번 보고, 밥 한술 먹고. 황제의 밥상이다. 텃밭에는 노란 장미와 모란꽃, 일주일 전에 남편이 심고 간 고추, 양배추, 호박, 토마토, 브로콜리, 콩의 모종이 조금씩 몸집을 키우며 올라오고 있다. 이 역시 첫 경험. 내일 아침에도 재잘재잘 새소리에 잠을 깨면 바깥세상이 궁금해 눈 비비며 나갈 것이다.

・・・

6월, 실상사 농장 옆 원두막에 앉아 그림을 그린다. 눈으로 보이는 풍광만큼이나 들리는 소리가 아름답다. 논에 물 대는 소리, 새소리, 바람 소리, 소금쟁이가 순간 동그란 파동을 일으키는 소리, 지나가는 자동차와 오토바이 소리. 오후 4시에는 절에서 종소리가 들린다. 불교의 '팔정도'를 상징해 여덟 번 울리는 종. 이 5분 동안 실상사 공동체 식구들은 하던 일을 모두 멈춘다. 마돈나하우스에서 일할 때 5분의 '침묵의 시간'이 있었지. 연둣빛 산천을 배경으로 이 고요한 소리를 스케치북에 담고 싶다.

마을 절 실상사에서 자원 활동을 시작했다. 열흘 동안 공양간에서 설거지를 돕다가 어제는 반야전 툇마루에 앉아 연등의 이름표를 닦았다. 오늘은 보리수 열매 일명 '보리똥'을 따고 있는데 갑자기 굵은 비가 쏟아진다. 미리 준비한 비옷을 단단히 챙겨 입는다. 나무 밑으로 들어가 두 손을 들어 올려 보리수 열매를 따 바구니에 담는다. 우두두······. 두 손에 잡히는 촉감이 탱탱하다. 이런 게 수확의 삼매경이구나. 보리수 가지를 하나 들고 와 꽃병에 꽂는다. 보리수 열매를 보고 또 바라본다. 빨강, 노랑, 초록의 배합, 그 아름다움에 깊은숨을 쉰다. 스케치북에 수채화 물감이 번진다.

8월, 오늘 자원 활동은 그림 그리기. 까만 기왓장에 연꽃을 그린다. 절의 해우소 입구에 둘 거란다. 그걸 보신 도법스님이 템플스테이 방문자들의 작은 순례를 위해 사막의 이미지를 그려보라 하신다. '사막의 고독' 하면 마돈나하우스의 '뿌스띠니아' 아닌가. 내가 스님에게 뿌스띠니아 얘기를 하지도 않았는데 어떻게 아셨지? 구도자의 세계에서는 다 통하나? 웃음이 나온다.

저녁에는 실상사에서 불교미술의 대가 홍선스님의 〈옛 스님의 초상화〉 강의를 듣는다. 다음 주에는 순천 송광사로 답사를 간다. 지리산 산골에서 이런 인문학적 호사라니, 얼마나 고마운가.

・・・

10월, 말려둔 호박을 볶아서 점심을 먹고, 며칠 전 마을 친구가 준 땅콩을 압력밥솥에 삶아 찬물에 넣고 다시 건져서 말린다. 껍질 까는 데만 한 시간. 다 까서 말리니 한 줌도 안 된다. 보드랍고 고소한 맛. 물기가 남아 있는 것 같아 달군 프라이팬에 살짝 덖는다. 처음 해보는 일. 밤도 삶는다. 이것도 건져서 찬물에 넣고 소쿠리에 말리고 면 수건으로 닦아낸 후 껍질을 깐다. 사이사이 시를 읽으니 깜빡 졸음이 온다. 도시에서 바쁠 때는 귀찮기만 했던 단순한 일을 하며 이토록 깊은 평화를 느끼다니. 다시 마돈나하우스에서 콩 고르고 마늘 까던 시간을 떠올린다. 그래, 이런 단조로운 일상이 기도가 되었지. 오래전 추억을 만지며, 지금 여기 나의 작은 일상이 기도가 된다.

실상사 앞 오후 4시 30분, 사방이 황금빛으로 변하며 바람이 분다. 가을날 마른 연잎들이 말을 걸어온다. "나 여기 있어요." 서걱, 서걱, 서걱. 극도로 가벼워야 낼 수 있는 소리. 종잇장처럼 마른 잎들. 자세히 보면 웃는 아이, 깡마른 노인, 시들어가는 여인이 어울려 노는 듯하다. 현대 설치미술 같다. 이 서걱거리는 소리, 아름다운 음악을 들으며 그림을 그린다.

내 안의 결핍과 집착이 고개를 들 때 지금 이 순간을 기억하자. 한없이 가벼워지자. 지금 나는 온몸으로 살아 있다. 꽉 찬 가을을 보내고 있다. 이 충만감을 세상 사람들에게 내어주는 삶을 살자. 기도하자.

12월, 한겨울 아침에는 이불에서 나가기가 싫다. 내 단칸방 부엌은 난방이 안 된다. 호호 손을 불며 밥상을 차린다. 이럴 때는 따뜻한 도시의 아파트가 그립다. 어제는 혼자 늦은 김장을 했다. 텃밭에 심은 배추를 뽑아 씻고 절이고, 또 씻고 양념하고 속을 넣고. 혼자 김장을 하고 나니 손가락 하나 까딱할 힘이 없었다. 마침 앞집 친구 영임 씨가 밥 먹으라고 불렀다. 오고 가며 처음 시골살이 하는 나를 돌보아주던 고마운 친구. 오늘은 내가 끓인 북엇국을 한 냄비 갖다주었다.

・・・

지리산의 자연, 실상사 공동체의 환대, 마을 친구들의 우정 속에서 『어른에게도 놀이터가 필요하다』의 집필을 끝낼 수 있었다. 2022년 가을에 책이 나오고 시민교육 기획자로서의 일이 바빠지면서 다음 해 봄 지리산을 떠났다. 다시 분주한 도시 생활이 시작됐다. 좋아하는 일도 때로는 지치고 힘들다. "누가 부탁하는 것도 아니고 돈이 되는 것도 아닌데 나는 왜 이렇게 바쁜 거야?" 혼자 툴툴거릴 때도 있다. 하지만 내 몸은 2007년 마돈나하우스에서 그랬던 것처럼 지리산에서 고요하고 단순한 삶, 아름다운 자연에 집중했던 시간을 기억한다.

그리움이 깊으면 찾게 되는 법. 나는 서울에 살면서도 이 그리움을 찾는 힘이 조금은 더 자랐다. 덕분에 뒷산과 공원에서 나무와 꽃을 더욱 자세히 관찰한다. 계절마다 나의 나무를 정해놓고 축복해준다. 어디서든 나만의 공간을 찾아내 숨을 쉰다. 지금은 목련과 은행나무가 있는 일터 근처 작은 미술관 앞마당이 내 영혼의 쉼터다. 진심으로 자신이 좋아하는 것이 무엇인지 아는 삶. 고마운 인생이다.

도시의 안식일과
순례 여행

　폭설이 내린 날. 하던 일이 마음대로 안 되어 우울했다. 이럴 때 술 한잔하면 좋으련만 몸도 만날 친구도 마땅치 않았다. 공원의 설경을 보며 걷고 또 걸었다. 자연이 내려준 선물이 마음을 포근하게 안아주었다. 집에 들어와 그림을 그렸다. 우즈베키스탄의 고도 부하라 여행길에 만났던 뒷골목의 쓸쓸한 밤. 그 느낌에 몰입하며 슥슥 붓질하는 고요한 시간이 너무도 행복했다. 나를 위한 리추얼, 깊은 휴식의 시간이었다.

도시의 안식일

리추얼은 "평범한 일상에서 자신에게 의미 있는 행위를 찾아 그것을 신성한 의식으로 반복하는 것"❖. 지난해 큰 결심을 했다. 1주일에 하루 나의 안식일을 정하자. 안식일에는 어떤 업무도 하지 말자. 전기를 사용하지 말자, 전등과 냉장고 등 불가피한 것만 제외하고. 텔레비전은 물론이고 휴대폰과 컴퓨터 전원을 끄자. 이른바 '기술 안식일'. 텔레비전을 보지 않는 것만 해도 쉽지 않지만, 휴대폰 전원을 꺼보시라. 이거 생각보다 어렵다. 휴대폰 메신저나 SNS는 참는다 쳐도, 사진도 못 찍고 음악도 못 듣고 검색도 못 한다. 자꾸 휴대폰에 손이 가는 자신을 발견한다. 일기나 글을 컴퓨터 없이 노트에 연필로 쓰는 것도 낯설다.

친구에게 내 결심을 얘기했더니, "그럼 뭐 해?"라고 묻는다. 처음에는 나도 막막했다. 1주일에 하루는커녕 한 달에 하루 지키기도 쉽지 않았다. 그럼에도 포기하지는 않았다. 어느 하루를 말해볼까?

늦게 일어나 휴대폰을 집에 두고 나간다. 휴대폰이 손

❖ 『리추얼의 힘』, 캐스퍼 터 카일, 마인드빌딩, 2021.

에 없으니 살짝 불안하다. 천천히 도심의 뒷산을 걷는다. 지리산에서 처음 본 연노란색 히어리꽃을 발견한다. 하늘을 향해 얼굴을 내미는 연둣빛 새싹들을 바라본다. 살짝 땀이 난다. 가쁜 호흡도 기분 좋다. 길을 물어보는 외국인 여행자에게 친절하게 안내하고, 봄놀이 나온 사람들도 구경한다. 노곤하다. 집에 돌아와 좀 길게 욕조에 몸을 담근다. 머리를 말리고 캐모마일 차 한 잔을 마신다. 낮잠을 잔다. 살짝 요가를 한 다음 『리추얼의 힘』을 필사한다. 이 책은 나의 영적 텍스트다. 안식일이면 꼭 찾아 읽는 책, 볼 때마다 다른 문장이 다가온다.

휴식은 일종의 저항이다. 우리가 충만한 삶을 사는 건 예정보다 많은 일을 하고 많이 보고 많이 맛보고 많이 경험하기 때문이 아니다. 반대로 평소보다 일을 훨씬 덜 하고 덜 보고 덜 맛보고 덜 경험할 용기를 내기 전까지는 충만한 삶을 살 수 없음을 알아야 한다.

안식일은 단순히 생기를 되찾기 위한 휴식이 아니다. 그것은 변혁을 위한 휴식이다.

안식일의 순례 여행

안식일에 길을 떠나기도 한다, 작은 순례 여행. 『리추얼 힘』에 따르면 "순례는 거리가 아니라 '변화'에 의해 정의된다. 세상과 접촉하는 또 다른 방법이다". 혼자 공원을 산책하거나 춤을 출 때, 그림을 그릴 때, 소리 내서 시를 낭독할 때도 작은 순례 여행을 하는 것이다. 할 때마다 내 안의 다른 나, 나도 몰랐던 나를 만난다.

가깝게는 공원과 뒷산도 좋고 서울의 북한산, 청평의 호명산도 좋다. 멀게는 지리산 뱀사골과 노고단이 나의 최애 코스다. 2022년 가을 『어른에게도 놀이터가 필요하다』를 탈고했을 때는 뱀사골에서 노고단까지 20킬로미터를 하루 동안 걸었다. 지리산의 첩첩 산에 바다처럼 펼쳐지는 일몰을 보며 감사의 기도를 올렸다.

...

시민교육기획자학교 등 폭풍처럼 일이 많았던 2024년 말. 〈주은경의 순례 여행: 마돈나하우스〉의 연재를 마치자 바닥 깊은 외로움에 알 수 없는 허탈함이 밀려왔다. 외로움을 고독으로, 나를 위한 영혼의 사막 '뿌스띠니아'가 필요했다. "눈물이 나면 기차를 타라." 정호승 시집의

제목처럼 그 해의 마지막 날 혼자 기차를 탔다. 서해 대천 해변의 모래사장을 걸었다. 바람 한 점 없이 맑고 잔잔한 바다. 항구에 도착했다. 해가 떨어지기 직전 순한 황금빛에 노랗고 빨간 배들이 비친 물그림자가 아름다웠다. 살짝 눈물이 났다. "한 해 동안 정말 수고했어, 은경아." 저절로 이 말이 터져 나왔다. 지금 여기 이 바람, 햇살과 함께 있음에 감사했다. 나는 혼자가 아니었다. 외롭고 허탈했던 마음이 사라졌다. 다시 힘이 났다. 멋진 하루짜리 여행이었다.

...

2025년 2월에는 5년 만에 제주도 여행을 다녀왔다. 숙소는 '삼달다방'. 제주도의 아름다운 자연 속에서 장애인, 비장애인, 사회운동가, 청년, 여성이 함께 밥을 해 먹고, 노래를 부르고 속 깊은 얘기를 나누며 친구가 되는 곳. 나도 아침저녁 밥을 먹으며 새로운 친구들을 만났다.

20대 청년 L. 그는 두 다리와 한쪽 손이 불편한 장애인 국가대표 럭비선수다. 8년 전 오토바이 사고가 났지만 1년 만에 자신의 삶을 찾아 일어난 특별한 케이스. 이번 여행에서는 휠체어를 사용하는 그가 제주도까지 자동차를 몰고 왔다고 했다.

일본 군마대학 교수로 일하는 한국인 K. 대학생이던 1990년대 보육원 어린이들을 위한 봉사활동을 했던 그는 IMF 때 집안이 어려워져 일본으로 도망치듯 유학을 떠났다고 하는데. "다음 달에 열릴 라오스, 몽골, 태국, 말레이시아, 한국, 일본 등 젊은 작업치료사들의 사회적 감수성을 위한 국제교류 워크숍을 준비하러 왔다"고 했다.

지난해부터 제주도에 살기 시작했다는 초등학교 6학년생 C. 삼달다방까지 혼자 버스를 타고 와 근처 바다에서 낚시를 했다. 요즘 보기 드문 용감한 남자아이. 나에게 동네 셔틀버스 이용하는 법도 친절하게 알려주었다. 모두 이곳이 아니면 만나기 힘든 사람들이었다. 뜻밖의 만남, 다른 인생에서도 배우는 게 있었다.

삼달다방에서는 함께 또 홀로가 가능했다. 모처럼 한 번도 깨지 않고 푹 잤다. 아침에 혼자 창밖의 유채꽃을 바라보며 침묵의 소리를 들었다. 연극배우처럼 감정을 넣어 큰 소리로 시를 낭독했다. 봄바람이 매서워 낮에는 에메랄드빛 바다가 보이는 카페에서 그림을 그렸다. 바닷가의 초원을 흔들어대는 바람을 담아 스케치하고 물감을 입혔다. 다음날에는 성산포를 향해 올레길을 걸으며 바다와 함께 바람과 함께 춤을 추었다. 깊은 밤에는 제주도의 바람 소리에 귀 기울였다. 마돈나하우스에서 들었던 것처럼 절대적인 고요의 소리, 내 마음이 평화롭고 고요할 때 들리는 소리.

"고마워요. 충분해요. 고마워요. 충분해요." 주문처럼 이 말을 반복했다. 그 시간 나는 100퍼센트 살아 있었다. 이것이 지금 내 방식의 뿌스띠니아 아닐까.

단순하고 아름다운 삶

30년 동안 장애인인권운동을 하다가 제주도로 내려온 삼달다방 여주인 박옥순 씨. 그를 보니 마돈나하우스의 〈작은 사명〉이 떠올랐다. "가난한 이들에게 손으로 직접 건네주어라." 나는 치열한 삶과는 거리가 멀다. 감히 그런 삶을 추구할 자신도 없다. 다만 사회적으로 목소리를 내지 못하는 약한 사람들의 존재를 마음에 담고 산다. 돈과 권력의 부당한 횡포에 대해 저항하는 것은 나의 중요한 정체성이다. 내가 직접 못할 때는 그 행동을 열심히 하는 사람들을 위해 돈과 시간을 사용한다.

단순한 삶은 어떨지? 나는 집값 폭등을 맥없이 노려보기만 하다가 집 한 채 소유하지 못했다. 그럼에도 집

안에 쌓인 물건이 많다. 버리는 능력은 바닥이다. 하지만 꼭 필요한 것이 아니면 새 물건을 사지 않는다. 엄마, 아버지가 1980년대부터 사용하던 장롱, 소파, 장식장을 물려받아 사용한다. 나에게는 10년 된 옷이면 새 옷이다. 오래된 것을 더 좋아한다.

단순한 삶은 고요한 마음과 통한다. 나는 아직도 명상과 기도를 일상의 습관으로 만들지 못했다. 나를 완전히 비우는 시간. 아무것도 하지 않는 휴식. 이것이 가장 어렵다. 아직도 나 자신의 안식일, 영혼의 사막 뿌스띠니아를 정기적으로 찾지 못하고 있다.

그래도 변한 것이 있다. 외로움이 이전만큼 두렵지 않다. 물론 지금도 내 결핍의 그림자가 고개를 들고 심술을 부릴 때가 있다. 그러나 나는 외로울 때 고요함과 고독의 소리를 찾는다. 때로는 친구들과 함께하며 소모임과 공동체에서 위로받는다.

부끄럽지만 이대로의 내가 싫지 않다. 절대적으로 높은 기준을 세워놓고 저게 아니면 안 돼 하는 태도보다, 내가 가능한 기준을 조금씩 높이며 실천해가는 태도가 낫지 않을까.

오늘 아침에는 소설가 한강의 노래 〈햇빛이면 돼〉를 들으며 어제 배운 '평화의 서클 댄스'를 두 번 반복했다. 창밖에는 벚꽃이 피기 시작했다. 새봄에는 이 노래와 춤을 나의 리추얼 목록에 들여야겠다. 서클 댄스를 안내하는 이선·강휴 선생님 말씀대로 "복잡한 것은 단순하게, 단순한 것은 깊게, 깊은 것은 아름답게" 춤을 추자. 기도를 하자.

에필로그

나의 오래된 기도

책상에 파란색 스프링 노트가 있다. 볼펜 자국이 종이 뒤에 번져 알아보기도 어려운 낡은 일기장. 한국에 돌아와 일기를 틈틈이 컴퓨터에 옮겼다. 꽤 많은 분량의 글, 언젠가 사람들과 나누고 싶었다.

누구에게나 삶의 시간이 특별히 촘촘하게 느껴지는 순간이 있다. 여행할 때, 연애할 때, 시와 소설에 푹 빠졌을 때, 자신의 이야기를 글로 풀어낼 때, 직접 그림, 춤, 연극 등 예술행위를 할 때. 공통점은 '몰입'이다. 나에게 마돈나하우스에서의 시간은 다른 자연, 다른 장소, 다른 사람, 다른 영성에 몰입하는 시간이었다. 하루하루 순간

순간 새로운 발견과 깨달음이 있었다. 그곳에서 나는 순례자의 눈으로 살았고, 그 경험은 강렬했다. 그토록 몸이 힘들어도 하루도 빠짐없이 노트에 펜으로 일기를 썼던 힘이 여기에 있었다.

...

2009년 참여연대 아카데미느티나무를 새로 시작하고 〈뒤집어보는 종교, 전쟁, 평화〉 강좌를 기획했을 때였다. 마돈나하우스 이야기를 연재하자고 〈가톨릭 일꾼〉 한상봉 편집장이 제안했지만, 엄두를 내지 못했다. 글쓰기에 집중할 시간이 없었다. 그렇게 10년, 15년 길고 긴 시간이 흘렀다.

2023년 8월에 한상봉 편집장이 다시 연재를 제안했다. 나는 망설였다. "2007년 일인데, 너무 오래된 얘기 아닌가요?" 하지만 그는 상관없다며 거듭 권유했다. 이 무렵 알게 된 시인도 "세상이 많이 변한 것 같지만 그렇지 않다"며 격려했다. 그 말에 용기를 내 묻어두었던 일기를 꺼내 보았다. 읽고 또 읽으니 지나간 추억이 아니었다. 그 충만했던 시간이 생생하게 살아났다. "그래, 해보자. 내 안과 밖의 하느님이 도와주실 거야." 연재를 결심했다.

〈가톨릭 일꾼〉에 1년 동안 연재한 〈주은경의 순례 여행: 마돈나하우스〉. 한 달에 두 번 글을 싣기 위해 마돈나하우스에서의 두 달을 1년 3개월 동안 다시 살았다. 그때 그곳에 돌아가서 두 번째 순례 여행을 하는 것 같았다. 글 쓰는 시간은 힘겨웠다. 하지만 오래된 앨범 속 시간을 만지듯 진한 감동이 밀려왔다. 흘러간 사랑을 추억하고 복기하는 사람처럼 울고 웃었다. 놀랍게도 내가 썼던 일기 사이사이로 세밀한 기억이 살아났다. 깊은 우물에서 기억의 실을 끌어올리는 느낌이랄까.

글을 쓰며 두 번째 순례 여행을 하는 동안 나는 또 귀한 선물을 받았다. "왜 갔는가? 그곳에서 어떤 경험을 했는가? 어떤 질문을 안고 왔고, 나의 삶에 어떤 변화가 있었는가? 왜 이 글을 쓰는가?" 나와 더 깊은 얘기를 나누었다. 대답이 명료해졌다. 뜻밖의 축복이었다.

내게 맑은 물을 부어주었던 영성의 시간, 몰입의 시간을 독자들에게 전하고 싶었다. 가급적 생생하고 세밀하게 묘사하려 노력했다. 그리고 권유하고 싶었다. 당신 안의 고독과 영성에 귀 기울여보라고. 당신이 원하는 만큼 가능한 만큼 단순함, 공동체의 삶을 시도해보라고. 그런 삶이 어디 먼 곳으로 떠나야만 가능한 것은 아니라고.

· · ·

〈주은경의 순례 여행: 마돈나하우스〉를 연재하기 시작했을 때 "이것이 순례인가요?" 하고 질문하는 사람이 있었다. 종교인의 성지순례도 아니고, 스페인 산티아고처럼 세계적으로 유명한 순롓길도 아니다. 히말라야 같은 거대한 자연을 여행한 이야기도 아니다. 걸어서 모두 20분 거리에 있는 공동체에서 두 달 동안 지냈던 이야기. 마돈나하우스가 열린 공동체이기는 하지만, 독자들이 이곳을 방문할 가능성은 높지 않다. 그럼에도 불구하고 내가 이 이야기를 '순례'라 칭하며 나누고 싶었던 것은 무엇일까?

· · ·

순례는 관광이 아니다. 관광이 "빛의 속도로 보는 것, 보고 싶은 것만 보는 것"이라면, 순례는 나를 비우고 떠나 뜻밖의 것을 발견하는 것이다. 순롓길에 오르면 모든 것이 새롭다. 처음부터 끝까지 어떤 일이 일어날지 예상할 수 없다. 설렘보다 두려움이 크다. 이때 나를 일으켜주는 것이 있다. 어둠을 비춰주는 달과 별, 짚고 가는 지팡이, 온 우주가 나를 도와주리라는 믿음, 춥고 배고플 때 길을 잃었을 때 나를 도와줄 손길이 있을 거라는 희망. 이것은 영성과 통한다. 이렇듯 언제 다시 볼지 모르는 낯선 나그네에게 잠자리와 음식, 지팡이를 선물하는 마음이 사회적 영성이리라.

자기의 그림자와 함께 묵묵히 길을 걸어 나가는 순례자. (…) 제 그림자를 보며 태양의 존재를 떠올리던 순례자. (…) 오래된 마을이 도와주고 하늘과 땅이 응원해주던, 그리하여 끝까지 홀로 걸으며 "나는 결코 혼자가 아니다"라며 길 끝에서 다시 태어나던 순례자.❖

나에게는 두 달 동안의 마돈나하우스 순례 여행이 그러했다. 이대로 살면 안 되겠다는 간절함을 가지고 떠났다. 세밀한 목표와 계획은 없었다. 하지만 나는 매일 생생하게 살았고 뜻밖의 인생 선물을 받았다. 그리고 세월이 흘러 '마돈나하우스 순례기'를 쓰면서 새삼 발견했다. 나는 돌아와 변화했다. 나는 일상을 예술로, 삶을 축제로 향유하며 살고 있다. 상상하고 성찰하는 힘, 표현하고 연결하는 힘이 강해졌다. 내면이 튼튼해졌다. 나를 더욱 좋아

❖ 이문재의 <순례> 중에서.

하게 되었다. 질문하는 능력, 사랑하는 힘이 있다. 그 힘을 바탕으로 발견하고 배우는 순례자의 자세로 살고 싶다.

...

10여 년 전 나의 희망을 색연필로 낙서하듯 그린 그림이 있다. 큰 가마솥에 불을 땐다. 햇빛, 그림자, 바람, 물을 솥에 넣고 수프를 끓인다. 지나가는 순례자들에게 한 대접씩 퍼준다. 지쳤던 그들이 힘을 내서 길을 나선다. 나도 그들도 모두 인생 순례자. 눈이 오나 비가 오나 그 길목을 지키며 함께 나이 들고 싶다. 그 희망을 담아 얼마 전 써본 자작시를 선물한다. 인생 순례자 당신을 위한 뜨끈한 수프 한 그릇과 함께.

나의 오래된 기도❖

1
아침의 문을 새들의 음악 소리로 여는 사람

❖ 류시화의 <그런 사람>풍으로 써보았다. '1'에서는 만나고 싶은 사람, '2'에서는 되고 싶은 사람, '3'에서는 이루고 싶은 만남을 이야기했다.

아이가 다가와 말걸고 싶은 사람
나무보다 숲을 보되 나무 또한 세심하게 가꾸는 사람
외로움과 고독의 소리를 구별해 돌봐주는 사람
마음의 문을 원하는 만큼 열고 닫는 사람
가운데보다 가장자리를 빛보다 그늘을 바라보는 사람
불평이나 비난보다 문제 해결을 위해 손잡는 사람
삶의 운전대를 가볍게 쥐고 백미러를 잘 보는 사람
인생의 사계절이 순례가 되기를 기도하는 사람

2

가진 것이 단순하고 책상과 방이 깔끔한 사람
친구에게 맛있는 음식을 만들어 대접하는 사람
전쟁 같은 상황에서도 놀이를 찾아내는 아이 같은 사람
인연에 충실하되 그 변화를 담담하게 받아들이는 사람
지금은 못 해도 언젠가는 용서하리라 기도하는 사람
준 것보다 받은 것을 기억하고 고마워하는 사람
판단하고 비판하기 전에 자신에게 먼저 조용히
질문하는 사람
삶이 계획대로 되지 않을 때에도 뜻밖의 선물을
찾아내는 사람

말하지 않는 말, 하지 않는 함이 편안한 사람
인생 순례를 마치는 순간 마음이 깃털 같은 사람

3

멀리서 함께 달의 행로를 바라보는 만남
서로에게 곁이 되고 선물이 되는 만남
빛과 그림자, 웃음과 눈물을 노래와 춤으로 만드는 만남
너를 이해하고 싶은 마음이 내가 이해받고 싶은 마음보다 큰 만남
말과 행동 너머 그 깊이를 보는 만남
질문과 희망으로 힘을 키우는 만남
일상을 예술로, 삶을 축제로 만드는 만남
잘하려는 마음 내려놓고 즐거워서 하는 만남
가벼운 마음으로 마당에 의자❖ 하나 내놓는 만남
인생 순례자들과 더불어 햇빛, 바람, 물로 끓인 수프를 나누는 만남

❖ 이정록의 <의자>에서 인용.

발문

누구에게나 영성이 필요하다

어떤 사람을 만나고 나서 "10년 전에 만났어야 하는데"라는 혼잣말이 나온다면, 그 사람은 십중팔구 좋은 사람이다. "우리가 1년 전에만 만났어도"라고 말하는 경우도 있다. 전자는 나이가 좀 든 축에 속할 테고, 후자의 '우리'는 상대적으로 젊은이들일 것이다. 여기서 10년이나 1년은 큰 의미가 없다. 늦었지만 서로 알게 되었다는 것이 중요하다. 나는 이런 인연을 '사건'이라고 부른다. 이전과 이후를 선명하게 구분 짓는 사건.

주은경 작가를 처음 만났을 때 내가 꼭 그랬다. 3년 전, '60+기후행동(기후 문제 해결에 동참해 더 나은 세상을 만들어보자는 은퇴자들의 모임)' 교육분과에서 처음 인사를 나누고 그런 생각이 들었다. '왜 이제야 만났을까······.' 사전 정보가 없는 것은 아니었다. 그가 펴낸 『어른에게도 놀이터가 필요하다』를 접하고 '이런 선각이 있다니' 하며 무릎을 쳤다. 그리고 연락처를 수소문했다. 중장년이 시민 예술가로 거듭나야 하는 이유와 방법을 일러주는 책이 작가를 만나게 해준 가교였다.

같은 점이 많지 않지만 다른 점이 더 많은 것도 아니었다. 주은경 작가는 1980년대 학생운동과 노동운동을 거쳐 방송 다큐멘터리 작가로 활약하다가(그 시기 나는 시사주간지 기자였다) 대학에서 시민교육 프로그램을 개발하고 운영했다. 2000년대로 접어들면서 나는 대학으로 자리를 옮겼는데 대학 사회는 내게 친절하지 않았고 50대로 접어드니 적응력도 태부족이었다. 2011년을 전후로 나를 일으켜 세운 것은 교양교육 혁신이었다. 교양의 개념을 재정의하고 기초학문과 시민교육을 통해 탁월하고 책임감 있는 공동체의 성원을 길러내고자 한 것이다.

하지만 이내 지쳤다. 대학이란 거대 조직은 기획력은 남다르지만 실행력은 다른 어느 분야보다 느려터졌다. 교양에 대한 고정관념, 분과 학문 간 장벽, 그리고 '그놈의'

형평성과 전례前例가 발목을 잡곤 했다. 10년 가까이 '대학이 달라져야 미래가 달라진다'는 구호를 내세웠지만 대학은 달라지지 않았고 미래만 급격하게 달라졌다. 그러던 차에 노년 세대의 '인생 전환, 녹색 전환' 활동(60+기후행동)에 한 발 들여놓게 되었고 거기서 주은경 작가를 만나게 되었다.

주 작가의 시민교육에 관한 접근법은 나와 크게 달랐다. 내가 너무 진지하고 엄숙한 반면, 그는 경쾌한 발걸음으로 시민에게 다가갔다. 내가 거대 담론, 이른바 '문명사적 전환'에 치우쳤다면 그는 시민이 함께하는 소모임을 통해 '다른 미래'의 가능성을 발견하고 있었다. 내가 시민사회라는 커다란 틀을 우선했다면, 그는 시민 안에서 시민의 힘('시민력')을 북돋우고 있었다. 나 역시 모든 사람은 '시의 마음'을 가지고 태어났다고 외쳐왔으면서도 모든 사람을 시인(예술가)으로 만드는 구체적 노하우에 관해서는 아는 바가 거의 없었다.

주 작가는 자신이 시민 예술가로 거듭나는 동시에, 청장년은 물론 노년까지 불러 모아 자기 안의 영성과 만나게 하고 그것을 표출할 수 있도록 촉진해왔다. 춤, 그림, 연극, 글쓰기 등 다양한 장르를 가로지르며 소규모 모둠을 활성화하는 한편 시민을 기획자로 키워내는 데에도 열정을 쏟아왔다. 그가 말하는 '시민력'은, 나에게 시민이 스스로 자기를 성찰하고 그것을 자기 언어로 표현하는 예술 역량으로 보였다. 시민의 예술은 시와 소설에서 미술, 음악에 이르기까지 해당 분야에서 요구하는 일정 수준 이상의 성취를 이뤄내는 엘리트(고급 혹은 순수라고도 불리는) 예술이 아니다. 고대 그리스에서 '아레테'라고 불리던, 즉 시민이 자신의 탁월성을 자신의 방식으로 드러내는 것이 시민 예술이고, 그런 사람이 곧 시민 예술가다. 춤이나 시가 아니어도 좋다. 나는 빵이나 손수건을 만들 때 거기에 어떤 방식으로든 '자기 이야기'를 담아낸다면 예술이 될 수 있다고 생각한다.

『어른에게도 놀이터가 필요하다』에 이어지는 『나의 오래된 순례, 마돈나하우스』를 한마디로 요약한다면 '누구에게나 영성이 필요하다'가 될 수 있을 것이다. 이 책은 '완전 탈진 상태'에서 다시 일어서는 한 인간의 내면 풍경을 섬세한 필치로 그려내면서 '영혼의 순례는 시간의 길이가 아니고 경험의 깊이의 문제'라는 명제를 새삼 일깨운다. 작가 스스로 "깊은 순례"라고 밝히고 있거니와 캐나다 동부의 한 작은 마을 컴버미어에 있는 가톨릭 공동체 마돈나하우스는 작가의 이전 삶을 그 이후와 연결시킨 징검다리이다. 굳이 징검다리라고 말하는 이유는, 징검다리가 저쪽(과거)과 이쪽(현재/미래)을 잇기도 하고 끊기도 하는 이중성을 갖기 때문이다. 돌이 너무 멀면 건너기가 어렵고, 돌이 너무 촘촘하면 물길이 막힐 수 있다.

이 책을 통해 캐서린 도허티라는 영적 지도자를 알게 된 것도 반갑기 그지없지만, 내게 더 깊이 각인된 것은 뿌스떠니아라는 수행 장소다. 러시아정교회가 오래 간직해온 기도 공간. 뿌스떠니아는 러시아어로 사막을 뜻한다는데 작가는 한겨울 캐나다 동부의 오지에서 '마음의 사막'과 마주한다. 난방을 비롯한 편의시설이 거의 없는 뿌스떠니아에서 작가는 "영혼에 맑은 물을 부어주는 시간"을 만끽한다. 도시적 삶으로부터 가장 멀리 떨어진 곳, 완벽한 혼자의 공간에서 작가는 "소리 없음이 얼마나 큰 소리를 내는지"를 깨닫는다. 이 각성을 우리 도시의 언어로 번역하면 이렇게 될 것이다. 도시의 그 많고 큰 소음이란 얼마나 큰 '소리 없음'인가.

채 두 달이 안 되는 짧은 체류였지만 작가는 여러 '다른 인생'을 만난다. 우선 마돈나하우스 설립자 도허티. 그의 영적·실천적 삶은 "가난을 자신의 여인이라 불렀던 성 프란치스코를 기억한다"라거나 "친절이 하느님의 마음", "당신이 무슨 일을 하는지는 중요하지 않다. 당신이 누구인지가 더 중요하다"와 같은 기도문과 어록에 고스란히 담겨 있다. 작가는 "청빈, 순명, 순결"로 압축되는 공동체의 핵심 가치를 체화하는 수행자들에게서도 많은 가르침을 받는다. "나 자신이 가난하지 않으면 가난한 사람을 도울 수 없다", "단점과 약점은 같지 않다", "정치와 사회복지 제도가 행복을 보장하지 않는다"와 같은 아포리즘을 받아 든다. 그리고 '스스로 풀어내야 할 화두'도 가슴에 품는다. "이곳이 세상에 무슨 의미가 있는가."

뿌스띠니아뿐 아니라 단순하고도 규칙적인 생활에서 얻는 깨달음도 곳곳에서 빛난다. 바느질을 하면서 "나의 손이 예술가의 손"이라는 발견을 하는가 하면, 작가에게 무례하게 대하는 동료 게스트 때문에 힘들어하는 마음, '직업병'을 되살려 스태프와 수련생을 인터뷰한 내용, 크리스마스를 앞두고 인근 마을을 찾아가는 모습, 공동체 구성원들 앞에서 한국 전통무용을 선보여 박수갈채를 받는 장면, 마돈나하우스는 국가나 외부 교회로부터 도움을 받지 않고 농사와 봉사활동, 보통 사람들의 기부를 통해 자급자족한다는 이야기 등등. 짧지만 깊은 순례는 독자로 하여금 잠시 읽기를 멈추고 자신의 내면과 대화해보라고 권하는 듯하다.

작가는 마돈나하우스를 떠나며 "고독과 영성, 단순한 삶과 공동체를 나의 삶에 어떻게 초대할 것인가. 이 질문 하나만은 꼭 잡고 가자"라고 다짐하며 눈물을 쏟는다. 내게 이 눈물은, 배웅과 마중의 눈물로 보였다. 작가의 눈물은 새출발의 증거였다. 한국으로 돌아온 작가는 대학과 시민단체, 지역사회에 시민 예술을 뿌리내리기 위해 프로그램을 개발하고 시민을 초대했다. 마돈나하우스 같은 영성 공동체를 설립하는 것은 불가능하지만 "내가 처한 상황에서 가능한 만큼 서로의 성장을 돕는 즐겁고 친절한 관계망을 만드는 삶"을 구현하고자 새로운 시간을 열어젖힌 것이다.

나는 주은경 작가의 '시민력'을 '소모임력' 또는 '의례(리추얼)력'과 나란히 놓고 싶다. 시민의 힘은 혼자가 아니고 여럿이 함께할 때 배가되고, 소모임에 의례가 녹아들 때 작은 공동체는 영성을 공유하게 된다. 영성이란 무엇인가. 신학자 정경일 선생이 어느 칼럼에서 말했듯 지금 여기에서 우리에게 필요한 영성은 종교의 테두리에 갇히지 않는다. 종교적 영성이 추구하는 사랑, 자비, 긍휼, 공감, 연민, 연대 등의 보편 가치를 '나'와 이웃 사이에서 추구하자는 것, 즉 사회적(무종교 혹은 생태) 영성을 구현하자는 것이다. "즐겁고 친절한 관계망"이 만들어내는 사회적 영성은 종교를 종교답게 하고 사회를 사회답게 하는 순결하고도 강력한 에너지가 될 수 있다.

시민의 일상적 삶을 예술로 끌어올리는 시민력은 국민이나 주민, 소비자 차원에 머물러 있는 보통 사람을 주권자 시민으로 거듭나게 하는 일과 직결된다. 나는 바츨라프 하벨이 주창한 "힘없는 자들의 힘"이 곧 시민력이라고 이해한다. 시민 예술이 자기 성찰과 표현에 의해 가능한 것이라면, 그 성찰과 표현에는 '나'와 사회 및 국가(들), 나아가 지구 생태계와의 관계를 재발견하는 감각과 사유가 반드시 포함되기 마련이다. 민주주의와 국가, 인간과 인류, 인류와 과학기술, 인류와 천지자연과의 관계를 재정의하지 않는 성찰과 표현은 사회적 영성과 연결되기 어려울 것이다.

글이 길어졌다. 한마디만 덧붙이고 줄여야겠다. 최근 기회가 생길 때마다 인용하는 글귀가 있다. "인생 최고의 선물은 다른 인생이다." 류시화 시인이 자신의 산문집에 쓴 것인데 곱씹을수록 새삼스럽다. 나는 주은경 작가가 마돈나하우스에서 만난 '다른 인생'이 이 책을 읽는 독자 여러분에게 최고의 선물이 되리라 기대한다.

선물을 받기만 한다면 좋은 시민이 아니다. 선물을 받은 내가 누군가에게 선물이 되려면 서로 "큰 만남"의 주인공이 되어야 한다. 주은경 작가가 책 말미에 밝힌 "너를 이해하고 싶은 마음이 내가 이해받고 싶은 마음보다 큰 만남" 말이다. 이런 만남이 우리를 예술가로 거듭나게 하고, 이런 만남이 우리의 예술을 시민력으로 바꿔낼 것이다.

이문재(시인)